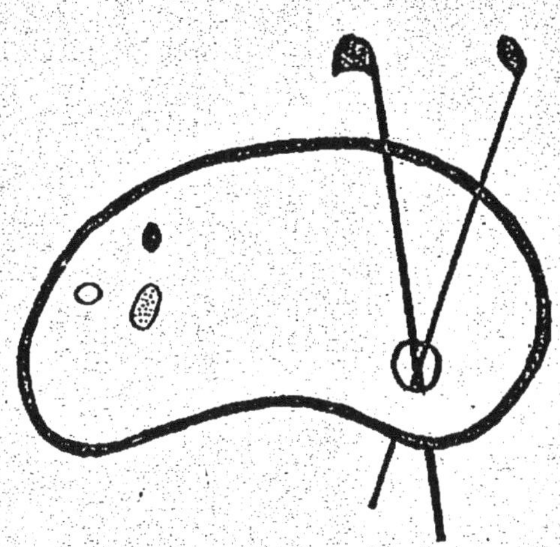

DEBUT D'UNE SERIE DE DOCUMENTS
EN COULEUR

QUATRIÈME CONGRÈS

DES

JARDINS OUVRIERS

Tenu à Paris les 8, 9 et 10 Novembre 1912

COMPTE RENDU

RÉDIGÉ

par M. l'Abbé LEMIRE, Député

AVEC LA COLLABORATION

de MM. DAMOISEAU, HUA, PERRENET

SECRÉTAIRES DES SÉANCES

PARIS

BUREAUX
DE LA LIGUE DU COIN DE TERRE
ET DU FOYER
26, rue Lhomond (V°)

LIBRAIRIE
DES SCIENCES POLITIQUES & SOCIALES
Marcel RIVIÈRE et Cie
31, rue Jacob et 1, rue St-Benoît (VI°)

1913

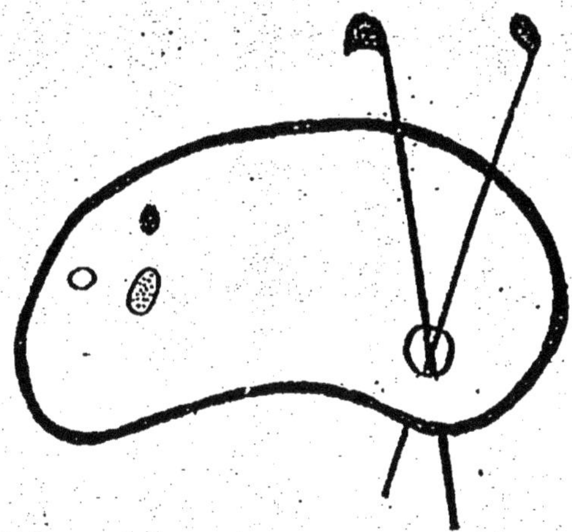

FIN D'UNE SERIE DE DOCUMENTS
EN COULEUR

Quatrième Congrès

DES

JARDINS OUVRIERS

QUATRIÈME CONGRÈS
DES
JARDINS OUVRIERS

Tenu à Paris les 8, 9 et 10 Novembre 1912

COMPTE RENDU

RÉDIGÉ

par M. l'Abbé LEMIRE, Député

AVEC LA COLLABORATION

de MM. DAMOISEAU, HUA, PERRENET

SECRÉTAIRES DES SÉANCES

PARIS

BUREAUX
DE LA LIGUE DU COIN DE TERRE
ET DU FOYER
26, rue Lhomond (V^e)

LIBRAIRIE
DES SCIENCES POLITIQUES & SOCIALES
Marcel RIVIÈRE et Cie
31, rue Jacob et 1, rue St-Benoît (VIe)

1913

QUATRIÈME CONGRÈS

DES

JARDINS OUVRIERS

Paris, 8, 9, 10 novembre 1912

Paris, le 1er août 1912.

26, rue Lhomond.

M

Vous avez bien voulu adhérer aux précédents Congrès des Jardins ouvriers, tenus à Paris en 1903, 1906, 1909. Un IVe Congrès aura lieu les 8, 9 et 10 novembre prochain. Vous en trouverez ci-inclus le programme et le questionnaire.

Nous vous serions reconnaissants si vous continuiez en cette circonstance aux Jardins ouvriers la sympathie que vous leur avez témoignée précédemment. L'œuvre n'a fait que se développer, et vous serez certainement heureux d'en constater les progrès et d'y aider pour l'avenir.

Nous croyons pouvoir compter sur votre adhésion, et sur votre concours auprès des personnes qui vous paraîtront disposées à s'intéresser à cette belle œuvre.

LA COMMISSION D'INITIATIVE :

ABBÉ LEMIRE, *député*.
Président de la Ligue
du Coin de Terre et du Foyer.

LOUIS RIVIÈRE
Vice-Président de la Société d'Économie
sociale et de la Ligue du Coin
de Terre et du Foyer

ROBERT GEORGES-PICOT
Avocat à la Cour d'appel de Paris
Secrétaire général de la Ligue
du Coin de Terre et du Foyer.

Ct WACHET
Trésorier de la Société des Jardins
Ouvriers de Paris et Banlieue.

QUATRIÈME CONGRÈS DES JARDINS OUVRIERS

Paris, les 8, 9 et 10 novembre 1912

Organisation générale

Objet du Congrès. — Tout ce qui concerne l'Œuvre des Jardins ouvriers et spécialement les questions portées au programme.

Date du Congrès. — Il se tiendra les vendredi 8, samedi 9 et dimanche 10 novembre 1912.

Lieu des Séances. — A Paris, dans la grande salle du Musée Social, 5, rue Las-Cases, rive gauche, à deux pas de la rue Bellechasse et du boulevard Saint-Germain.

Horaire. — Le Congrès comporte cinq séances, toutes générales.

1re Séance d'ouverture; le vendredi 8, à 3 heures précises.
2e Séance, le samedi 9, à 9 heures du matin.
3e Séance, même jour, à 2 heures de l'après-midi.
4e Séance, même jour, à 4 h. 1/2.
5e Séance de clôture, le dimanche 10, à 3 heures du soir.

Présidents. — Les séances seront présidées par des notabilités françaises, amies des Jardins ouvriers.

Dispositions matérielles

Voyage. — Le Comité d'initiative a demandé aux Compagnies de chemin de fer d'accorder aux congressistes le tarif de demi-place. Les cartes de congressistes donnant droit à la réduction étant nominatives, il importe que les adhérents nous envoient leurs noms le plus tôt possible, en précisant exactement la gare de départ.

La cotisation est de 5 francs pour tous les adhérents au Congrès et donne droit au compte rendu.

Les adhésions sont reçues 26, rue Lhomond, Paris-Ve. — Il suffira de remplir et d'envoyer à cette adresse le bulletin qui accompagne le questionnaire détaillé que nous donnons plus loin et qui sera adressé à toutes les œuvres et à quiconque en fera la demande.

Travaux du Congrès

Chacune des séances du Congrès sera consacrée à l'examen d'une question spéciale :

1re Séance. Vendredi soir: Discours d'ouverture. Première question. Statistique et situation générale des Jardins ouvriers en France.

2e Séance. Samedi matin: Les Sociétés d'horticulture et les Jardins ouvriers.

3e Séance. Samedi à 2 heures : Comment faire des Jardins ouvriers une œuvre sociale.

4e Séance. Samedi à 4 h. 1/2 : Les Fêtes des Jardins ouvriers.

Le dimanche, de 9 heures à midi, visite de la section réservée aux produits des jardins ouvriers à *l'Exposition d'horticulture.*

A midi, déjeuner en commun.

A 3 1/2. Séance de clôture. Résumé des travaux. Conférence du président.

Un *rapport spécial* sera préparé pour chaque séance et sera suivi d'une discussion.

Concours des Œuvres. — Le concours de toutes les œuvres est sollicité :

1o Pour *l'organisation du Congrès* et pour le *recrutement* des *adhérents ;*

2o *Pour les rapports :* un questionnaire est envoyé à tous les adhérents. On est prié d'y répondre au plus tôt et le plus complètement possible, afin que les rapporteurs puissent tenir compte des réponses faites;

3° *Pour les vues, plans, photographies* qui seront utilisés dans une Exposition qui se fera à l'occasion du Congrès. Nous insistons pour obtenir, des diverses œuvres, des photographies originales en vue de composer une belle collection de cartes postales des Jardins ouvriers de France.

Communications, renseignements et adhésions

Pour tout ce qui concerne le Congrès, pour tout ce qu'il faut recevoir ou envoyer, on est prié de s'adresser au bureau du Coin de Terre et du Foyer, *26, rue Lhomond, Paris-V*[e].

QUATRIÈME CONGRÈS

DES

JARDINS OUVRIERS

Paris, 8, 9, 10 novembre 1912

Paris, le 11 octobre 1912.

26, rue Lhomond.

MONSIEUR LE DIRECTEUR,

Le Congrès National des Jardins Ouvriers, qui se tiendra les 8, 9 et 10 novembre prochain à Paris (Musée Social, 5, rue Las-Cases) *sera, comme en 1903, 1906 et 1909, l'occasion d'une revue des œuvres des Jardins ouvriers. Il permettra d'en faire exactement la statistique actuelle. Quels que soient le caractère, l'origine et le fonctionnement de ces œuvres, elles ont toutes intérêt à être connues pour que leur exemple puisse être imité.*

Nous vous invitons donc instamment à adhérer au présent Congrès, et nous vous serions reconnaissants de vouloir bien répondre au questionnaire ci-inclus, avant le 1er novembre.

De la sorte, les renseignements seront utilisés pour le rapport général.

Agréez, Monsieur le Directeur, nos dévoués sentiments.

LA COMMISSION D'INITIATIVE :

ABBÉ LEMIRE
Président de la Ligue
du Coin de Terre et du Foyer

LOUIS RIVIÈRE
Vice-Président de la Société d'Économie
Sociale et de la Ligue du Coin
de Terre et du Foyer.

ROBERT GEORGES-PICOT
Avocat à la Cour d'Appel de Paris
Secrétaire général de la Ligue
du Coin de Terre et du Foyer.

Ct WACHET
Trésorier de la Société des Jardins
Ouvriers de Paris et Banlieue.

QUESTIONNAIRE[1]

PREMIÈRE QUESTION

Statistique et situation générale des Œuvres françaises de Jardins ouvriers

Jardins ouvriers de.............

I. — A quelle date ont-ils été fondés ?
Par qui ?
Par qui sont-ils dirigés actuellement ?
Combien de groupes ?
Leur superficie totale en hectares et ares ?
Combien de Jardins au total ?
Superficie moyenne de chacun ?

II. — *A)* Quelle est la forme statuaire de l'œuvre ?

a) Est-elle une œuvre annexée à une autre institution ?
à une conférence de S.-V. P. ?
à un bureau de bienfaisance ?
à une commune ?

b) Est-elle une association distincte (loi de 1901) ?
une association déclarée ?
une coopérative ?
une association (loi de 1909) ?

1. Ce questionnaire bien rempli par chaque œuvre peut tenir lieu de rapport. Prière de le retourner, avec réponses, au 26, rue Lhomond, Paris. Y ajouter, s'il le faut, des feuilles supplémentaires.

c) Est-elle affiliée à la Ligue du Coin de Terre et du Foyer ?

B) Quelles sont les conditions de jouissance ?
L'œuvre est-elle propriétaire ?
A-t-elle un bail ?
Le jardin est-il payant ?
Est-il gratuit ?

III. — Y a-t-il des œuvres annexes ?
Mutualité maternelle ?
Cours de ménage ?
Coopérative d'achats ?

IV. — Quels sont les événements à noter dans la vie de l'œuvre depuis le dernier Congrès de 1909 ?

2e QUESTION

Les Sociétés d'horticulture et les Jardins ouvriers

Quels services ces sociétés peuvent-elles rendre aux Jardins ouvriers ?
Pour les fonder ? par elles-mêmes ?
Par quelques-uns de leurs membres ?
Pour les promouvoir ?
Pour les subventionner ?
Comment peuvent-elles les développer et les faire prospérer
Par l'enseignement ?
Par des conférences ?
Par des brochures, revues ?
journaux, almanachs ?
tableaux ?
Comment peuvent-elles les encourager ?
Par des visites et des inspections ?
Par des concours ?
Par des expositions spéciales ?

Par des récompenses horticoles?

Citez les sociétés qui ont fait telle ou telle de ces choses.

TROISIÈME QUESTION

Comment les Jardins ouvriers deviennent une Œuvre sociale

1. — De la nécessité de rappeler que les ouvriers sont sociétaires et non pas locataires. Rôle de la cotisation.
2. — Cette société doit avoir une administration au moins partiellement ouvrière. Rôle du comité ouvrier.
3. — Le Jardin rétablit la société familiale. Rôle de la tonnelle. Les repas, le repos au jardin.
4. — Les relations des jardiniers et de leur comité avec la direction de l'Œuvre, la collaboration de tous, l'échange des idées, des produits rétablissent l'humaine fraternité et le sens patriotique.
5. — Les œuvres affiliées à la ligue du C. T. F. ont partout un même esprit familial et social et le développent par la Revue et les Congrès.

   Donner des exemples et des faits à l'appui de ces affirmations.

QUATRIÈME QUESTION

Les Fêtes de Jardins ouvriers

1. — Quelles sont les diverses espèces de fêtes existantes?

   Fête de saint Fiacre.

   Visite solennelle.

   Réunion avec allocution dans les Jardins.

   Chants, chœurs, scènes, sur une estrade dans les Jardins.

   Distribution de gâteaux et de jouets, de récompenses.

Représentations, musique, jeux variés, athlétiques et autres. Dîners ou goûters en commun.

2. — Quels sont les moyens de trouver les récompenses, le décor, le pavoisement, les vêtements blancs, les insignes ?

3. — Souvenirs des fêtes. Compte rendu des fêtes. Cartes postales des fêtes.

4. — Observations générales suggérées par les fêtes qui ont eu lieu partout. Du décor des Jardins.

Du concours des jardiniers eux-mêmes.

De l'utilisation des sociétés locales.

Réjouissances provinciales et coutumes.

Influence morale, influence religieuse des fêtes.

Quatrième Congrès des Jardins Ouvriers

Paris, 8, 9 et 10 novembre 1912

DEMANDE DE PERMIS A TARIF RÉDUIT

(BONS DE 1/2 PLACE)

Nom..

Adresse..

ITINÉRAIRE suivi sur les différents réseaux des Cies de Chemins de fer

RÉSEAU	GARE DE DÉPART	*GARE DE JONCTION avec la Cie amenant le voyageur directement à Paris*
P.-L.-M ...	....	....
Nord	....	....
Est	....	....
État	....	....
Orléans ...	....	....
Midi	....	....

Date d'envoi..

SIGNATURE :

A faire parvenir avec le bulletin d'adhésion au trésorier de la Commission d'organisation, 26, rue Lhomond, V^{e}.

QUATRIÈME CONGRÈS DES JARDINS OUVRIER

PARIS. — Grande Salle du Musée Social, 5, rue Las-Cases. — PARIS

8, 9 ET 10 NOVEMBRE 1912

BULLETIN D'ADHÉSION

Je soussigné *(bien lisiblement)*

Nom et prénoms ....

Profession ....

Domicile *(adresse exacte)* ....

déclare m'inscrire comme adhérent au Congrès des Jardins Ouvriers des 8, 9 et 10 novembre 1912 et en sous ce pli la somme de **cinq francs**, *montant de ma cotisation.*

Fait à ...., *le* .... *1912.*

(Signature)

N.-B. — Les adhérents au Congrès sont priés : 1° de faire parvenir leur cotisation par mandat-carte, ou mandat-poste bon de poste joint au bulletin d'adhésion ; 2° de renvoyer, pour profiter de la réduction de 50 0/0 accordée par Compagnies de Chemins de fer aux adhérents, la demande du tarif réduit ci-jointe, avec indication *exacte* de la gare de dé et, s'il y a lieu, de la gare de jonction avec la Compagnie amenant directement le voyageur à Paris (à M. le Trésorier Commission d'organisation, 26, rue Lhomond, Paris-V^e^).

HORAIRE ET PROGRAMME
DU CONGRÈS

Vendredi 8 novembre

Séance d'ouverture à 3 heures précises.

Président : M. L'ABBÉ LEMIRE, député.
Statistique des Jardins ouvriers. — Situation générale.
Rapporteur : M. PAUL BACQUET, de Boulogne-sur-Mer.

Samedi 9 novembre

Deuxième Séance, à 9 heures du matin.
Président : M. MAURICE DE VILMORIN : Les Sociétés d'horticulture et les Jardins ouvriers.
Rapporteur : M. ARTHUR CHOQUET, de Lens.

Troisième Séance, à 2 heures de l'après-midi.
Président : M. PIERRE-BAUDIN, ancien ministre : Comment faire des Jardins ouvriers une œuvre sociale.
Rapporteur : M. PAUL GUILLARD, du Havre.

Quatrième Séance, à 4 h. 1/2 du soir.
Président : M. SOUCHON, Professeur à la Faculté de Droit : Les Fêtes des Jardins ouvriers.
Rapporteur : M. LOUIS DELPÉRIER, de Paris.

Dimanche 10 novembre

de 9 heures à 11 h. 1/2

Visite des Jardins ouvriers à l'Exposition d'Horticulture.

Directeur : M. Curé, des Jardins de Sceaux.

Banquet à midi, par souscription, à l'Hôtel Voltaire, près de l'Odéon.

A 3 heures, Séance de Clôture

Résumé des travaux du Congrès, par M. Robert Georges-Picot.

Discours de M. Paul Deschanel, Président de la Chambre des députés.

Liste alphabétique des Adhérents

A

AIGUIER (Joseph), président-fondateur de l'œuvre des Jardins de famille de Marseille, 81, rue de la Palud, à Marseille (Bouches-du-Rhône).

ALBEAU (Émile), architecte paysagiste, boulevard Chanzy, à Sedan (Ardennes).

ANSSEL (Victor), pharmacien, à Béthune (Pas-de-Calais).

ANTHEUNES (abbé), professeur au Col. N.-D. des Victoires, à Roubaix (Nord).

ARBELET (Mademoiselle Suzanne), 149, rue de Rennes, à Paris-VIe.

ARLOT (Georges), président de la Conférence de Saint-Denis de la Chapelle, 10, rue Choron, à Paris-IXe.

ASSELIN (Georges), ingénieur, 12, rue Dom-Grenier, à Amiens (Somme).

AUTICHAMP (marquise d'), 9, rue Léonce-Reynaud, à Paris.

AUX (comtesse d'), 16, place de Laborde, à Paris-VIIIe.

B

BACQUET (Paul-J.), docteur en droit, 35, boulevard Mariette, à Boulogne-sur-Mer (Pas-de-Calais).

BAUDE (Madame Albert), au château d'Austruy, par Rinxent (Pas-de-Calais).

BAUDELOT (Madame veuve), propriétaire, 2, rue de Nassau, à Sedan (Ardennes).

BAUDET (Louis), sénateur, maire de Châteaudun, 8, rue de Saintonge, à Paris-VIIIe.

Baudin (Pierre), ministre de la Marine, Paris.

Baudin (Madame Pierre), 9, avenue de Mac-Mahon, Paris.

Beguin, horticulteur, route de Paris, à Sedan (Ardennes).

Behevdt (abbé), curé de Wallon-Cappel, par Hazebrouck (Nord).

Bénard (Jules), agriculteur, 81, rue de Maubeuge, Paris-X^{e}.

Berge (Jacques) étudiant, 7, avenue de Madrid, à Neuilly-sur-Seine (Seine).

Bergmann (Mademoiselle M.), 34, quai des Bateliers, à Strasbourg (Alsace).

Bersez (Paul), sénateur du Nord, 14, rue de Solesmes, à Cambrai (Nord).

Bertinot (Charles), ancien président de la Chambre des Avoués, 3, avenue du Coq, rue Saint-Lazare, à Paris-IXe.

Berton ingénieur en chef de la Compagnie P.-L.-M. en retraite, 19, avenue Thiers, à Melun (Seine-et-Marne).

Bertrand (Édouard), professeur agrégé de l'Université, président du Coin de Terre Toulousain, 7, place extérieure Saint-Michel, à Toulouse (Haute-Garonne).

Besch (Jean), 80, avenue des Batignolles, à Saint-Ouen (Seine).

Beudant, 2, square des Postes, à Grenoble (Isère).

Beulens, 80, rue de Paris, à Sannois (Seine-et-Oise).

Bezançon (docteur P.), 51, rue de Miromesnil, à Paris-VIIIe.

Birot (abbé), vicaire général, à Albi (Tarn).

Blais-Mousseron, industriel, 62, rue Spontini, à Paris-XVIe.

Blanchon (Pierre), avocat, conseiller municipal, 22, rue Fleuriau, à La Rochelle (Charente-Inférieure).

Blanckaert (commandant), 4, rue de Saint-Quentin, à Lille (Nord).

Blanckaert (Madame), 4, rue de Saint-Quentin, à Lille (Nord).

Blanckaert (Émile), notaire, à Bergues (Nord).

Boidin (Auguste), chimiste à Seclin (Nord).

Boidin (Madame Auguste), à Seclin (Nord).

Bonnaure (Paul), associé d'agent de change, président de l'Œuvre Lyonnaise des J. O., 11, rue Émile-Zola, à Lyon (Rhône).

Bortoli (Louis), vice-président de l'Assistance par le travail de Marseille, président de la section des Jardins ouvriers, 19, rue Pavillon, à Marseille (Bouches-du-Rhône).

Bouët (Francis) fils, manufacturier, à Cholet (Maine-et-Loire).

Bour (Alfred), avocat, docteur en droit, 50, rue d'Amsterdam, à Paris-VIIIe.

Breynaert (docteur), 14, rue Emmery, à Dunkerque (Nord).

Brunhes (Jean), professeur au Collège de France, 1, Grande-Rue, à Bellevue (Seine-et-Oise).

Butor (Louis), 19, boulevard Morland, Paris-IVe.

Buxareo-Oribe (Félix), 17, rue d'Astorg, Paris-VIIIe.

C

Caillet (E.), ingénieur, 7, rue de Cortambert, Paris-XVIe.

Calmette (docteur), directeur de l'Institut Pasteur, à Lille (Nord).

Cardoc, propriétaire, à Petite-Synthe (Banc-Vert) (Nord).

Carlier (docteur Victor), professeur à la Faculté de Médecine de Lille, 16, rue des Jardins, à Lille (Nord).

Carlier (Émile), directeur d'assurances, 8, avenue du Quesnoy, à Valenciennes (Nord).

Cassagnau, juge d'Instruction, à Hazebrouck (Nord).

Castiau (Fernand), notaire, à Condé-sur-l'Escaut (Nord).

Castiau (Madame Fernand), à Condé-sur-l'Escaut (Nord).

Catrice (docteur), père, à Aire-sur-la-Lys (Pas-de-Calais).

Caurette (G.), notaire, à Ham (Somme).

Cauwès (Paul), doyen de la Faculté de Droit, 10, place du Panthéon, à Paris-Ve.

Cazalet (Charles), président de l'Œuvre Bordelaise des J. O., 3, rue Reignier, à Bordeaux-Bastide (Gironde).

Changeux (Ed. Victor), 62, boulevard Lundy, à Reims (Marne).

Changeux (Madame), 62, boulevard Lundy, à Reims (Marne).

Chardon (Jules), 66, rue de la Chaussée-d'Antin, Paris-IXe.

Charpin (Frédéric), 33, rue Madame, Paris-VIe.

Chatain (Madame), rentière, 14, rue Hippolyte-Flandrin, à Lyon (Rhône).

Chevrnot (Charles), 34, avenue de la République, Grand-Montrouge (Seine).

CHOQUET (Arthur), chef des jardins et plantations de la Société des Mines de Lens, 63, rue de Liévin (Pas-de-Calais).

CIROT (Charles), entrepreneur de peinture, 31, rue Aupick, à Gravelines (Nord).

CIROT (Louis), étudiant, 31, rue Aupick, à Gravelines (Nord).

COFFIN (docteur Ernest), 16, rue Soufflot, à Paris-Ve.

COFFIN (Madame Ernest), 16, rue Soufflot, à Paris-Ve.

COIN DE TERRE CAMBRÉSIEN (le), à Cambrai (Nord).

COLIN (Pierre), avoué, *4 bis*, rue Voltaire, à Brest (Finistère).

COLLET (Pierre), employé aux Halles centrales, 25, rue Alexis, à Alfortville (Seine).

COMITÉ DE PATRONAGE DES HABITATIONS A BON MARCHÉ ET DE LA PRÉVOYANCE SOCIALE DU NORD, à Lille (Nord), préfecture.

COQUELLE (Félix), maire, à Rosendaël (Nord).

CORNETTE-CASTRIQUE (Louis), négociant, rue de Bailleul, à Steenwerck (Nord).

CORNETTE-CASTRIQUE (Madame), rue de Bailleul, à Steenwerck (Nord).

CRÉPIN (abbé L.), curé de Saint-Jacques-et-Saint-Paul, 25, rue de la Pointe, à Abbeville (Somme).

CURÉ (Jules), directeur de l'Œuvre des J. O. de Sceaux, 72, route de Châtillon, à Malakoff (Seine).

D

DAMOISEAU (Pierre), avocat à la Cour d'appel, 7, boulevard Beaumarchais, Paris-IVe.

DANSIN (Madame), 42, rue de Grenelle, Paris-VIIe.

DAUDE (Raymond), étudiant, 16, rue Sorel, à Saint-Flour (Cantal).

DAUZON (abbé E.), curé à El-Biar (Alger).

DAVID (Mademoiselle Gabrielle), rue du Rivage, à Hazebrouck (Nord).

DEBACKER (Émile), conducteur principal des Ponts-et-Chaussées, en retraite, à Dunkerque (Nord).

DEBOSQUE-BONTE (César), propriétaire, 47, rue des Chauffours, à Armentières (Nord).

DECRETON (docteur Gaston), à Fourmies (Nord).
DEGOVE (Étienne), fabricant d'huiles, à Doullens (Somme).
DELAERE (Mademoiselle Marguerite), 17, rue Aupick, à Gravelines (Nord).
DELAETER (Mademoiselle Eugénie), 153, rue Nationale, à Rosendaël (Nord).
DELBECQ (docteur Henri), à Gravelines (Nord).
DELBECQUE (abbé A.), curé à Maing (Nord).
DELEGRANGE (docteur L.), président du Coin de Terre et Foyer Tourquennois, 61, rue de Gand, à Tourcoing (Nord).
DELILLE (Ernest), architecte des mines de Dourches, à Montigny-en-Gohelle (Pas-de-Calais).
DELLOUE (Madame Frédéric), fondatrice des J. O. de Croix, 208, Grande-Rue, à Croix (Nord).
DELLOUE (Maxime), 208, Grande-Rue, à Croix (Nord).
DELORME (Paul), inspecteur divisionnaire du Travail pour l'Algérie, 15, rue Levacher, à Alger (Alger).
DELPÉRIER (Louis), avocat à la Cour d'appel, 7, rue Chernoviz, à Paris-XVIe
DEMOL (Edmond), comptable, à Gravelines (Nord).
DEMOL (Madame Edmond), à Gravelines (Nord).
DENIS (docteur Maurice), 4, rue d'Alsace-Lorraine, à Orléans (Loiret).
DENJEAN (capitaine), en retraite, 22, rue de l'Oiseau, à Moulins (Allier).
DEPRET-BIXIO (Madame), 7, rue Monsieur, à Paris-VIIe.
DEPRET-BIXIO (Olivier), 7, rue Monsieur, à Paris-VIIe.
DESABIE (Paul), notaire, à Creil (Oise).
DESJOYAUX (Joseph), agriculteur, conseiller général de la Loire, maire de Saint-Galmier (Loire).
DESMARQUEST (abbé), 1, rue de l'Oratoire, à Amiens (Somme).
DEVIGNE (Charles), pharmacien, à Béthune (Pas-de-Calais).
DEVOS (abbé), professeur à l'Institution Saint-Remy, à Charleville (Ardennes).
DEWAVRIN (Fernand), industriel, 24, rue Chanzy, à Tourcoing, (Nord).
DEWEVRE (docteur), à Petite-Synthe (Nord).
DEWEVRE (Marcel), avocat, à Petite-Synthe (Nord).

DEWISME (Mademoiselle Gabrielle), 58, rue du Montparnasse, à Paris-XIVe.

DEWISME (Mademoiselle Marguerite), 58, rue du Montparnasse, à Paris-XIVe.

DEZWARTE (docteur), 140, rue Nationale, à Rosendaël (Nord).

DODANTHUN (Alfred), 30, rue Barthélemy-Delespaul, à Lille (Nord).

DRIEUX (abbé E.), professeur à l'Institution du Sacré-Cœur, 111, rue de Lille, à Tourcoing (Nord).

DROULERS (Charles), président de la Société des Jardins populaires de Roubaix, 160, boulevard de Reims, à Roubaix (Nord).

DUBAS (Fernand), notaire, 12, rue Parisis, à Dreux (Eure-et-Loir).

DUBAS (Madame Fernand), 12, rue Parisis, à Dreux (Eure-et-Loir).

DUCROCQ (Maxime), notaire, 64, boulevard de la Liberté, à Lille (Nord).

DUCARIN (D.), industriel, 9, rue de Luynes, à Paris-VIIe.

DUCARIN (Madame D.), 9, rue de uynes, à Paris-VIIe.

DUFLOT (Émile), contrôleur à la Caisse centrale, Chemins de fer de l'Est, 3, rue Pelletan, à Alfortville (Seine).

DUHAMEL (Philippe), manufacturier, à Merville (Nord).

DUFOUR (Henri), employé au P.-L.-M., 42, rue Victor-Hugo, à Alfortville (Seine).

DUMEZ (Natalis), à Bailleul (Nord).

DUPONT (Émile), directeur des Docks du Havre, 12, quai de Marseille, Le Havre (Seine-Inférieure).

DURIAU (docteur), médecin de la Santé, à Dunkerque (Nord).

E

EMMANUEL (Madame), 42, rue de Grenelle, à Paris-VIIe.

ENGRAND (Maurice), antiquités d'art, 17, rue Papillon, à Paris-IXe.

F

Fabreguettes (Victorin), gérant d'immeubles, 45, avenue Félix-Viallet, à Grenoble (Isère).

Faivre (docteur Paul), inspecteur général des Services administratifs du ministère de l'Intérieur, 2, square du Croisic, à Paris-XVe.

Ferrand (Lucien), membre du Conseil supérieur des habitations à bon marché, 68, rue Ampère, à Paris-XVIIe.

Fouble, pharmacien, à Rosendaël (Nord).

Fouquet (Madame Ernest), 16, avenue Gourgaud, à Paris-XVIIe.

Fourcade (Fernand), président de la Société d'habitations à bon marché « Le Progrès », 7, rue La Boétie, à Paris-VIIIe.

Fréno (Charles), pharmacien, à Dunkerque (Nord).

Fuchs (Alfred), directeur des Contributions directes, en retraite, 11, rue de Buffon, à Tours (Indre-et-Loire).

G

Galissot (docteur), à Roncq (Nord).

Gallotti (Paul), ingénieur civil, 14, rue Littré, Paris-VIe.

Garat (J.), député, conseiller général, maire de Bayonne, 8, place de la Concorde, à Paris-VIIIe.

Gavignot, avoué honoraire, 51, avenue Henri-Martin, à Paris-XVIe.

Georges-Picot (Robert), avocat à la Cour d'appel de Paris, secrétaire général de la Ligue du Coin de Terre et du Foyer, 37, rue Ampère, à Paris-XVIIe.

Georges-Picot (Charles), directeur de la Société Générale du Crédit Industriel et Commercial, 24, rue Eugène-Flachat, à Paris-XVIIe.

Georges-Picot (Georges), étudiant, 24, rue Eugène-Flachat, à Paris-XVIIe.

Girard (F.), 10, rue Bossuet, à Paris-X^e.

Gladi (Madame), 7, avenue du Trocadéro, Paris-XVIe.

Gœthals (docteur), 1, place de la Mairie, à Rosendaël (Nord).

Goguyer-Lalande (abbé), curé de Saint-Valérie, 2, rue de Panazal, à Limoges (Haute-Vienne).

Goyau-Félix-Faure (Madame), 12, rue Pierre-Charron, à Paris-XVIe.

Guémy (Pierre de), avocat à la Cour d'appel, trésorier du Comité des J. O. de Douai, 7, rue Victor-Hugo, à Douai (Nord).

Guérillon (docteur), à Hautmont (Nord).

Guillard (Paul), avocat, 102, rue Gustave-Flaubert, Le Havre (Seine-Inférieure).

H

Hamel (Paul), étudiant, 96, rue de Rennes, à Paris-VIe.

Heurtault (Eugène), ingénieur en chef des Ponts et Chaussées, 36, avenue de l'Observatoire, à Paris-XIVe.

Holter (Christian), courtier maritime, 32, rue Tour-Notre-Dame, à Boulogne sur-Mer (Pas-de Calais).

Hooft (Méliton), 21, rue d'Hondeghem, à Hazebrouck (Nord).

Hooft (Madame), 21, rue d'Hondeghem, à Hazebrouck (Nord).

Hua (Georges), étudiant, 254, boulevard Saint-Germain, à Paris-VIIe.

Huguier-Truelle (J.), ancien pharmacien, président des J. O. de Troyes, 18, boulevard Victor-Hugo, à Troyes (Aube).

Hullen (docteur Maxime), à Dunkerque (Nord).

J

Jean-Kerguistel (Henri), 1, rue Lafayette, à Nantes (Loire-Inférieure).

Jenart (Paul), ingénieur agronome, 60, rue Damrémont, à Boulogne-sur-Mer (Pas-de-Calais).

Jules-Simon (Mademoiselle Marguerite), 10, place de la Madeleine, à Paris.

K

Kalbfleisch (Madame), 63, rue La Boëtie, à Paris-VIIIe.
Kerlidou (F.-V.), conducteur principal des Ponts et Chaussées, 6, rue Ambroise-Thomas, à Brest (Finistère).
Klein (abbé Félix), 12, rue de Velezy, à Bellevue (Seine-et-Oise).
Kolb (Charles), 21, boulevard Beauséjour, à Paris.

L

Laberthonnière (abbé), 23, rue Las-Cases, à Paris-VIIe.
Lacave-Laplagne (Madame), 7, avenue du Trocadéro, à Paris-XVIe.
Lancry (docteur Louis), lauréat de la Faculté de Paris, à Vailly-sur-Aisne (Aisne).
Lancry (Docteur), lauréat de l'Académie de Médecine, ancien interne des Hôpitaux de Paris, médecin de l'hôpital de Dunkerque, à Rosendaël (Nord).
Lardeur-Becquerel (Joseph), président de la Société des J. O. de Saint-Omer, 29, rue du Saint-Sépulcre, à Saint-Omer (Pas-de-Calais).
Laurentie (Gabriel), 2, rue de la Planche, à Paris-VIIe.
Laurentie (Madame Gabriel), 2, rue la Planche, à Paris-VIIe.
Lavallée (Georges), salineur, rue Carnot, à Gravelines (Nord).
Leborgne (Jules), 7, boulevard du Palais, à Beauvais (Oise).
Leborgne (Madame Jules), 7, boulevard du Palais, à Beauvais (Oise).
Leborgne (Pierre), docteur en droit, 6, boulevard du Palais, à Beauvais (Oise).
Leclancher (Charles), magistrat, villa Rubens, à Hazebrouck (Nord).
Lecomte, ancien avoué, rue Emmery, à Dunkerque (Nord).
Lecordier, propriétaire, 85 *ter*, boulevard Soult, à Paris-XIIe.
Ledoux-Merlin (Paul), brasseur, à Bourbourg (Nord).

Lefebre (Frédéric), agriculteur, 1, rue du Champ-des-Oiseaux, à Rouen (Seine-Inférieure).

Lefebre-Meyer (Charles), pharmacien, 15, rue de Furnes, à Dunkerque (Nord).

Legoaziou (Ludovic), conservateur des hypothèques, en retraite, rue des Trois-Avocats, à Lannion (Côtes-du-Nord).

Legoaziou (Madame Ludovic), rue des Trois-Avocats, à Lannion (Côtes-du-Nord).

Leguyader (Mademoiselle), à Bénodet (Finistère).

Lehembre (abbé), professeur, 111, rue de Lille, à Tourcoing (Nord).

Lehmann (Louis), négociant, 37, rue des Champs-Élysées, Paris-VIIIe.

Le Liepvre (Charles), propriétaire, président du Comité des J. O. de Douai, 78 *bis*, rue d'Esquerchin, à Douai (Nord).

Lemaire (docteur Louis), 27, rue des Vieux-Remparts, à Dunkerque (Nord).

Lemasson (Madame), 30, avenue Henri-Martin, à Paris-XVIe.

Lemire (abbé), député, président de la Ligue du Coin de Terre et du Foyer, 26, rue Lhomond, Paris-Ve.

Le Moing (abbé), curé à Hennebout (Morbihan).

Lener (Mademoiselle Joséphine), rue d'Air, à Hazebrouck (Nord).

Lener (René), rue d'Air, à Hazebrouck (Nord).

Lener (Mademoiselle Marie), rue d'Air, à Hazebrouck (Nord).

Lener (Lucien), rue d'Air, à Hazebrouck (Nord).

Lépine (Louis), préfet de Police, 7, boulevard du Palais, Paris.

Lernout, pharmacien, rue de la Clef, à Hazebrouck (Nord).

Leroy (A.), président de la Société des J. O. de Sains-du-Nord, à Sains-du-Nord (Nord).

Le Trbut (Olivier), clerc de notaire, 35, rue Gourien, à Saint-Brieuc (Côtes-du-Nord).

Lobos (Eleodora), avocat, 462, Maipii, à Buenos-Ayres (Amérique du Sud).

LOIR (Alcide), vice-président de la Société des J. O. Seclinois, 30, rue Philippe-de-Girard, à Seclin (Nord).

LOIR (Madame Alcide), 30, rue Philippe-de-Girard, à Seclin (Nord).

LOOTEN (Chanoine), professeur aux Facultés libres, 20, rue Charles-de-Muyssaert, à Lille (Nord).

LORGNIER (docteur Jean), 35, rue de Valbelle, à Saint-Omer (Pas-de-Calais).

LOVITON, docteur en droit, 48, rue Gay-Lussac, à Paris-V^e^.

M

MAISONNEUVE (docteur), à Corné (Maine-et-Loire).

MANN (D^r^), Meinckestr. 4, Berlin W.

MARAVAL (Mademoiselle), villa de Cassoir, à Auxerre.

MARFOIS (abbé Fr.), 5, rue Eugène-Manuel, à Paris-XVIe.

MARQUE (Gustave), pharmacien, 5, rue Parmentier, à Ivry-sur-Seine (Seine).

MARQUE (Madame Gustave), 5, rue Parmentier, à Ivry-sur-Seine (Seine).

MARS (Pierre), principal clerc d'avoué, 21, rue de la République, à Orléans (Loiret).

MARS (Madame Fernand), 7 *bis*, rue du Grenier-à-Sel, à Orléans (Loiret).

MARSAUCHE (Louis), pasteur, 16, Kildare Gartens-Baysvater, Londres (Angleterre).

MASBRENIER (docteur), médecin en chef de l'hôpital, 16, avenue Thiers, à Melun (Seine-et-Marne).

MATHELON (Mademoiselle Jeanne), 65, rue de Rennes, à Paris-VIe.

MATTON (Émile), notaire, rue Aupick, à Gravelines (Nord).

MEAUX (Antoine de), officier de marine, 37, rue de l'Université, à Paris-VIIe.

MENDONÇA (Marc de), sous-préfet, à Hazebrouck (Nord).

MENIER (Gaston), sénateur, 56, rue de Châteaudun, à Paris-IXe.

MENNESSON, directeur de la sucrerie, à Abbeville (Somme).

MÉNY (Édouard), industriel, 26, rue Thiers, à Épinal (Vosges).

Mény (abbé Georges), 2, rue des Jardiniers, à Épinal (Vosges).

Méring (Madame), 6, rue Lesueur, à Paris-XVIe.

Merlin (Gustave), armateur, à Gravelines (Nord).

Mesneau (Madame Cl.), 16, rue des Armuriers, à Bourges (Cher).

Mesneau (Albert), sous-inspecteur de la Compagnie « La Prévoyance », 16, rue des Armuriers, à Bourges (Cher).

Michel (Adrien), propriétaire, 31, rue d'Amsterdam, à Paris-VIIIe.

Mieulle (Maurice de), 22, avenue Friedland, à Paris-VIIIe.

Millet (abbé A.), professeur, 23, rue du Général-Foy, à Paris-VIIIe.

Milon (Alfred), lazariste, 95, rue de Sèvres, à Paris-VIe.

Moll-Weiss (Madame Auguste), 19, quai Malaquais, à Paris-VIe.

Monnier (Dr Albert), à Coudekerque-Branche (Nord).

Montennis, avoué, juge suppléant, à Dunkerque (Nord).

Montluc-Steinmetz (Madame de), au château de la Resle, par Montigny-la-Resle (Yonne).

Morel, architecte, à Dunkerque (Nord).

Mornet (docteur Jacques), 8, rue de la Monnaie, à Bourges (Cher).

Muller (abbé), 62, avenue de la République, à Montrouge (Seine).

Muteau (Alfred), député de la Côte-d'Or, 3, rue Lincoln, Paris-VIIIe.

N

Naudet (abbé), professeur, 84, boulevard du Montparnasse, à Paris-XIVe.

O

Office central des Œuvres de bienfaisance, 175, boulevard Saint-Germain, Paris.

Oui (docteur Marcel), professeur à l'Université de Lille, correspondant de l'Académie de Médecine, 201, rue de Solférino, à Lille (Nord).

P

Pajot (Casimir), avocat, ancien bâtonnier de l'ordre, 14, cours Sablon, à Clermond-Ferrand (Puy-de-Dôme).

Parent (Lucien), 19, avenue d'Antin, à Paris-VIIIe.

Parent (Gaston), architecte, 83, boulevard Saint-Michel, à Paris-V^e.

Parent (Louis), étudiant, 83, boulevard Saint-Michel, à Paris-V^e.

Parot (abbé), 5, rue Emilio-Castelar, à Paris-XIIe.

Pascalin (docteur), à Saint-Pol-sur-Mer (Nord).

Passez (Ernest), membre du Conseil d'Administration de la Société française des Habitations à bon marché, 122, rue du Faubourg-Saint-Honoré, à Paris-VIIIe.

Patoir (docteur Jules-Gérard), professeur de médecine légale à l'Université de Lille, 16, square Jussieu, à Lille (Nord).

Patot (Gustave), directeur honoraire de l'école Sainte-Geneviève, 18, rue Lhomond, à Paris-V^e.

Péron (Émile), employé, 2, rue Berthe, à Saint-Ouen (Seine).

Perrenet (Jean), étudiant, 30, rue N.-D.-des-Champs, à Paris-VIe.

Petit (docteur Eugène), maire, conseiller général à Pont-sur-Yonne (Yonne).

Philibert (Mademoiselle M.), 3, rue de Grenelle, à Paris-VIe.

Philippe, vice-président de la Société des J. O. de Versailles, 32, rue de la Bonne-Aventure, à Versailles (S.-et-O.).

Picherbau (Léon), ancien notaire, à Couptrain (Mayenne).

Pingard (Madame Eugène), présidente de l'Œuvre des J. O. de Sedan, 16, rue de Nassau, à Sedan (Ardennes).

Podvin (abbé), pro-doyen de Saint-Martin, 160, rue de Villars, à Denain (Nord).

Poisot (Madame M.), 52, rue Thiers, à Beaune (Côte-d'Or).

Pou (Denis), 4, rue des Lices, à Blois (Loir-et-Cher).

Poulain (Paul), industriel, 20, place du Château, à Blois (Loir-et-Cher).

Pressoir, professeur agrégé de l'Université, 21, rue Denfert-Rochereau, à Paris-Ve.

Prouvost (Ernest), 89, rue de Soubise, à Roubaix (Nord).

Pruvost (Alfred), 6, rue du Luxembourg, à Paris-VIe.

Q

Quint (docteur Achille), ancien chef de clinique chirurgicale à la Faculté de Lille, 111, rue de Solférino, à Lille (N.).

R

Rabier (abbé M.), aumônier du couvent de l'Espérance, 7, avenue Victor-Hugo, à Blois (Loir-et-Cher).

Raillard (Marcel), 30, rue Jacob, à Paris-VIe.

Rajon, entrepreneur, à Dunkerque (Nord).

Réal (Madame), 43, boulevard de Reuilly, à Paris-XIIe.

Reboux (Alfred), 27, boulevard de Strasbourg, à Roubaix (N.).

Renaudin (Auguste), notaire, à Sceaux (Seine).

Renaudin (Paul), à Saint-Marceau (Boulzicourt) (Ardennes).

Reumaux (Élie), ingénieur, directeur des mines de Lens, à Lens (Pas-de-Calais).

Reumaux (docteur Tobie), 1, place du Théâtre, à Dunkerque (Nord).

Reumaux (docteur Emmanuel), 1, place du Théâtre, à Dunkerque (Nord).

Ribot (Alexandre), sénateur du Pas-de-Calais, 6, rue de Tournon, à Paris.

Ricardou (Joseph), président de la Conférence de Saint-Vincent de Paul de Cannes, 59, rue d'Antibes, à Cannes (Alpes-Maritimes).

Richard (Alfred), notaire, à Remiremont (Vosges).

Richard (Louis), employé aux Ponts et Chaussées, 52, Grande-Rue, à Maisons-Alfort (Seine).

Risler (Georges), 71, avenue Marceau, à Paris-XVIe.

Riu (Mademoiselle), 3, rue des Imbergères, à Sceaux (Seine).

Rivière (Louis), vice-président de la Société d'Économie Sociale et de la Ligue du Coin de Terre et du Foyer, 91, rue Jouffroy, à Paris-XVIIe.

RIVIÈRE (Marcel), éditeur, 31, rue Jacob, à Paris-VIe.

RIVOIRE (Philippe), horticulteur, trésorier de l'Œuvre lyonnaise des J. O., 16, rue d'Algérie, à Lyon (Rhône).

ROBERT (docteur), médecin à Dunkerque (Nord).

ROBIN (professeur Albert), membre de l'Académie de Médecine, 18, rue Beaujon, à Paris-VIIIe.

ROCHEROLLES (Édouard), 2, rue de Fleurus, à Paris-VIe.

ROCHEROLLES (Jacques), 10, rue d'Athènes, à Paris-IXe.

ROCHEROLLES (Madame Jacques), 10, rue d'Athènes, à Paris-IXe.

ROSIER (Charles), à Nanteuil-les-Maux (Seine-et-Marne).

ROUTIER DE LISLE (René), 55, rue de Babylone, à Paris-VIIe.

ROZAIN-BOUCHARLAT, horticulteur, à Cuir-les-Lyon (Rhône).

RUDLOFF (Fernand), 15 *bis*, rue Rousselet, à Paris-VIIe.

RUYSSEN (docteur Georges), 27, rue Royale, à Dunkerque (N.).

RUYSSEN fils (docteur), rue du Collège, à Dunkerque (Nord).

RYCKELYNCK (docteur Martial), avenue de la Mer, à Malo-les-Bains (Nord).

RYCKELYNCK (capitaine), 135, rue de Tolbiac, à Paris-XIIIe.

S

SALEILLES (Madame Raymond), 14, rue Saint-Guillaume, à Paris-VIIe.

SALEILLES (Jean), licencié en droit, 20, rue de Grenelle, à Paris-VIIe.

SALEILLES (François), étudiant, 20, rue de Grenelle, à Paris-VIIe.

SAMSOEN (docteur César), ancien interne des hôpitaux, à Hazebrouck.

SANGUIN (Louis), manufacturier, 2, rue de la Madeleine, à Rouen (Seine-Inférieure).

SAVOUREAU (Maximilien), chef d'escadron d'artillerie, 18, rue Saint-Charles, à Versailles (Seine-et-Oise).

SECTION DE L'ARRONDISSEMENT DE BOULOGNE-SUR-MER DE LA LIGUE FRANÇAISE DU COIN DE TERRE ET DU FOYER, 35, boulevard Mariette, à Boulogne-sur-Mer (Pas-de-Calais).

SEGARD (Madame), à Mouscron (Belgique).
SÉRÉ DE RIVIÈRES (Mademoiselle), 6, avenue Bugeaud, Paris-XVIe.
SERLOOTEN (Édouard), avoué, à Dunkerque (Nord).
SÉVÉRINE (Madame), 32, rue de la Victoire, à Paris-IXe.
SIEGFRIED (Jules), député, 269, boulevard Saint-Germain, à Paris-VIIe.
SIEGFRIED (Madame Jacques), au château de Langeais, par Langeais (Indre-et-Loire) et 38 *bis*, rue Fabert, à Paris-VIIe.
SIMETERRE (abbé Raymond), professeur à l'Institut catholique, 17, boulevard Voltaire, à Issy-les-Moulineaux (Seine).
SNYDERS (Madame Veuve), 8, rue Neuve, à Hazebrouck (Nord).
SOMBRET (docteur), médecin, à Gravelines (Nord).
SOCIÉTÉ HAVRAISE DES J. O., 44, rue de la Bourse, Le Havre (Seine-Inférieure).
SOCIÉTÉ D'HORTICULTURE DE L'ARRONDISSEMENT DE RETHEL, à Rethel (Ardennes).
SOCIÉTÉ DES J. O. DE VERSAILLES, 9, rue des Petits-Bois, à Versailles (Seine-et-Oise).
SOCIÉTÉ DES MINES DE LENS, à Lens (Pas-de-Calais).
SOCIÉTÉ NATIONALE D'HORTICULTURE DE FRANCE, 84, rue de Grenelle, à Paris-VIIe.
SORLIN (Gaston), avocat, 60, rue Jean-Bart, à Lille (Nord).
SPRÉCHER (G.), directeur du service des Plantations, Promenades, Jardins publics et Jardins botaniques, à Amiens (Jardins des Plantes) (Somme).
STANDAERT (Étienne), prêtre de la Mission, Séminaire Saint-Vincent, à Panningen (Hollande).
SURMONT (docteur H.), professeur à la Faculté de Médecine de Lille, 10, rue du Dragon, à Lille (Nord).

T

TENTING (Henri), ancien député, président du Conseil général de la Côte-d'Or, 7, square de Latour-Maubourg, à Paris-VII.
TERQUEM (Henri), maire, 12, rue Royet, à Dunkerque (Nord).

Terquem (Madame Henri), 12, rue Royet, à Dunkerque (Nord).

Thellier de Poucheville (abbé), rue de Mons, à Valenciennes (Nord).

Thibout (docteur Georges), 16, rue d'Offemont, à Paris-XVIIe.

Thiéry (Gaston), chef d'atelier à la Compagnie générale d'Électricité, 3, rue Pelletan, à Alfortville (Seine).

Thomas (Camille), pharmacien, 28, rue du Marché, à Saint-Dizier (Haute-Marne).

Thureau (Henri), inspecteur honoraire des services civils de l'Indo-Chine, 36, boulevard Ornano, à Paris-XVIIIe.

Tilloy (Madame Eugène), à Servon, par Ville-sur-Tourbe (Marne).

Tilloy (Mademoiselle Marie), 80, boulevard de Port-Royal, à Paris-V^e^.

Top (docteur), médecin à Loon-Plage (Nord).

Torris (Paul), armateur, rue Catrice, à Gravelines (Nord).

Touchard (Albert), 45, avenue Bosquet, à Paris-VIIe.

Trogan (Édouard), 61, rue de Vaugirard, à Paris.

Trystram (Jean), sénateur du Nord, à Dunkerque (Nord).

V

Vanverts (docteur Julien), professeur agrégé à la Faculté de Médecine de Lille, 236, rue de Solférino, à Lille (Nord).

Vattier (Madame Jos.), 12, rue Pasteur, à Caen (Calvados).

Veauvy (Jérôme), propriétaire, La Source, Honfleur (Calvados).

Verneaux (vicomte de), 56, avenue Victor-Hugo, à Paris-XVIe.

Vincent (Mademoiselle Caroline), 26, rue Lhomond, à Paris-V^e^.

Vinchenne (Henri), propriétaire viticulteur, 14, rue de l'Échauderie, à Reims (Marne).

Volfette (R. P.), fondateur des J. O. de Saint-Étienne, 2, rue Mi-Carême, à Saint-Étienne (Loire).

Vorbe (docteur), rue Emmery, à Dunkerque (Nord).

W

WAAG (Auguste), pâtissier, 14, rue Gambetta, à Lille (Nord).

WACHET (commandant), trésorier de la Société des J. O. de Paris et Banlieue, 118, rue d'Assas, Paris-VIe.

WACHET (Madame L.), 118, rue d'Assas, à Paris-VIe.

WACHET (Henry), avocat à la Cour d'appel de Paris, 118, rue d'Assas, à Paris-VIe.

WACKERNIE (Gabriel), cultivateur, ferme Voisin, par Jonchery-sur-Vesle (Marne).

WATTEVILLE (baron de), 96, avenue Henri-Martin, à Paris-XVIe.

WIESNEGG (abbé), 27, avenue de Choisy, à Paris-XIIIe.

Z

ZANTA (Mademoiselle Léontine), 7, avenue de Madrid, à Neuilly-sur-Seine (Seine).

PREMIÈRE SÉANCE

Vendredi 8 novembre 1912, à 3 heures

M. l'abbé Lemire, député du Nord, préside.

A ses côtés ont pris place : M. Mabilleau, directeur du Musée social ; M. Louis Rivière, vice-président de la Ligue du Coin de Terre et du Foyer ; M. l'abbé Birot, vicaire général d'Albi, délégué de Mgr l'archevêque Mignot ; M. Robert Georges-Picot, secrétaire général de la Société des Jardins ouvriers de Paris et banlieue : le commandant Wachet, trésorier ; Mme Changeux, de Reims ; Mme Pingard, de Sedan ; M. Bonnaure, fondateur des Jardins de Lyon ; M. Paul Bacquet, de Boulogne-sur-Mer ; M. Delorme, d'Alger ; M. le Dr Masbrenier, de Melun.

M. l'abbé Lemire prend la parole et prononce le discours suivant :

Discours d'ouverture du Congrès

Mesdames,

Messieurs,

En me chargeant de présider cette première séance, mes collègues du comité d'initiative, MM. Rivière, R. Georges-Picot et le commandant Wachet ont voulu que l'organisateur des congrès précédents racontât leur histoire et rattachât le présent au passé.

Cette histoire, je l'ai vécue.

Le premier Congrès des J. O. eût lieu en 1903, *les 24 et 25 octobre*, à l'hôtel des Sociétés savantes.

Il était international.

Une vaste enquête avait préparé ses séances.

On avait posé à toutes les œuvres de France et de l'étranger six ordres de questions, auxquelles répondirent **181** rapports :

Statistique des jardins ;

Leur organisation et leur règlement ;

Résultats *matériels ;*

Résultats *moraux ;*

Œuvres *annexes ;*

Moyens de propagande.

L'enquête révéla l'existence de 134 œuvres pour la France, formant un total de 6.453 jardins.

Tous les détails concernant leur fonctionnement et leurs résultats furent relevés, résumés et consignés dans un rapport d'ensemble dû à la plume, et, ce qui est la même chose, à la conscience de M. *Louis Rivière.*

L'exactitude scrupuleuse des renseignements et la hauteur morale de l'inspiration en font un document historique de premier ordre. Il servit de base à toutes les discussions. L'on peut dire que dans ce premier Congrès tout ce qui touche de près ou de loin aux jardins, tout ce qu'on peut y faire et en faire, a été signalé, soit dans le rapport général, soit dans les discussions des séances, soit dans les pièces annexes.

Aussi le compte rendu du Congrès de 1903 demeure-t-il le livre par excellence qu'il faut lire quand on veut connaître sous tous ses aspects l'œuvre des Jardins ouvriers.

Ceux d'entre nous, Mesdames et Messieurs, qui ont assisté à ces réunions, savent et racontent volontiers l'entrain, la cordialité, l'enthousiasme grandissant qui firent de ces deux jours, des jours aux émotions inoubliables pour ceux qui les ont vécus.

A quoi cela tient-il ?

A bien des causes sans doute, dont la première est qu'il y a pour les œuvres comme pour les vies humaines une jeunesse que rien ne remplace, un printemps radieux, où tout est baigné dans une lumière chaude, où l'on ne voit qu'espérances, où l'on ne met en commun que joies et rêves !

La première apparition des choses est belle comme l'aurore.

Chaque séance était une révélation de dévouement, d'ingéniosité, d'originalité.

Chaque personne qui se levait était une apparition de ce qu'il y a de meilleur dans notre humanité, dans notre Paris, dans notre France provinciale.

Dois-je ajouter que nous ne nous connaissions pas les uns les autres avant le Congrès : que le pasteur *Tholozan*, de Nîmes, n'avait jamais vu le Dr *Lancry*, de Dunkerque, que *Mme Changeux*, de Reims, et le *P. Volpette*, de Saint-Étienne, *Vellot*, de Grenoble, *Bonnaure*, de Lyon, *Leborgne*, de Beauvais, et les jeunes, *Asselin*, d'Amiens, etc., ne s'étaient jamais vus. Or, tous avaient modestement, tranquillement, fait des merveilles dans leur coin de province et chacun d'eux apportait quelque chose de la terre de France pour refaire avec nous tous ensemble, au sein de la capitale, l'unité patriotique de notre cher pays, en mettant à la disposition de toutes les familles un morceau du sol national !

Et puis le Concordat n'était point brisé.

M. Aynard ouvrait le Congrès. Le professeur *Albert Robin* y apportait le prestige de la science médicale.

Mais après eux, Mgr *Latty*, évêque de Châlons, présidant une de nos séances entre Mgr Lacroix et Mgr Leroy, ouvrait saint-Thomas et disait le devoir de la propriété. Les ecclésiastiques étaient nombreux dans la salle. Et tous y venaient avec cet amour de la terre de France qui en fit, à des heures mémorables, les meilleurs des patriotes et cet amour du peuple qui les désigne pour être les serviteurs les plus dévoués de la démocratie.

Et comme le Congrès était international, nous délibérions avec le concours de l'étranger ; et l'étranger, c'était l'Allemagne avec *Bielefeldt* qui présidait une de nos séances et Mme Frænkel qui apportait aux pauvres de Paris une obole pour bien montrer que la charité n'a point de frontières, l'étranger, c'était *Bruinwold-Riedel*, le spirituel Hollandais, c'était *Beernaert*, de Belgique, que présentait aux Parisiens, Brunétière, l'académicien philosophe.

Brunetière avait été empoignant, poétique, superbe.

Beernaert, en quelques phrases lapidaires, avait condensé tous les enseignements et tout le sens de notre œuvre.

« Nous voulons, disait il, que la charité revête une forme plus fructueuse et plus fraternelle.

» Nous voulons consolider la famille.

» Nous voulons que la bonne odeur de la terre vienne égayer, assainir, parfumer les ménages ouvriers. »

Le premier Congrès marque une date dans l'histoire des Jardins ouvriers.

* * *

En 1906, trois ans après, eut lieu un second Congrès à Paris, international comme le premier.

Il se tint ici, au Musée Social, hospitalière maison que nous ne quitterons plus, mon cher Monsieur Mabilleau, les 9, 10, 11 novembre.

M. Robert Georges-Picot fut le rapporteur général.

Il y avait eu, comme pour le premier Congrès, un questionnaire.

M. Picot reçut **231** rapports, grâce auxquels il put constater qu'il y avait **216** groupes et **12.081** jardins.

La marche en avant était considérable.

Les séances furent éclairées et guidées par le rapport de M. Robert Georges-Picot.

On étudia avec plus de précision les questions suivantes :

1° Les jardins ouvriers : moyens de propagande ;

2° Les jardins ouvriers créés par les industriels ;

3° Les jardins ouvriers à l'étranger ;

4° Les jardins ouvriers et la petite propriété ;

5° Les jardins ouvriers et l'hygiène :

6° Les jardins ouvriers et les pouvoirs publics.

Ces diverses questions étaient en conformité avec les préoccupations des présidents de séances qui furent successivement :

M. Méline, ancien ministre de l'Agriculture et président du Conseil (dont on fêtait récemment l'unité de vie politique, dont nous pourrions fêter la fidélité à la terre de France).

M. Reumaux, directeur des mines de Lens ;

M. Bielefedt, délégué de l'Allemagne ;

Mgr Amette, alors coadjuteur de l'archevêque-cardinal de Paris ;

M. le Professeur Grancher, l'éminent maître, membre de l'Académie de Médecine ;

M. Mesureur, directeur de l'Assistance publique.

Le discours de clôture fut prononcé à la salle d'horticulture par *M. Ribot*, ancien président du Conseil, membre de l'Académie française, qui, par le jardin, s'acheminait vers le crédit immobilier.

Ces deux premiers Congrès de 1903 et de 1906 furent les plus beaux. Ils se complétèrent l'un l'autre. Depuis lors, il y a eu une dispersion et de nos *amis*, et de nos *idées*, et de nos *efforts*.

*
* *

Trois sortes de Congrès ont succédé à ces deux premiers, un Congrès *national* pour la France, un Congrès *international* hors de FRANCE, et des *Congrès régionaux*.

A la dernière séance du Congrès de 1906, les délégués belges avaient demandé et obtenu que le prochain *Congrès international* se tînt à Bruxelles, et par suite de l'Exposition de 1910, ce Congrès n'eut lieu que quatre ans après celui de 1906.

Quatre ans sans une réunion générale, sans une revue de nos œuvres, cela nous semblait trop long. Il y eut parmi les directeurs des œuvres françaises, de beaucoup les plus nombreuses, un vœu général pour que l'on fît après trois ans, c'est-à-dire en 1909, un Congrès exclusivement français afin de maintenir pour nous une périodicité triennale. Mais, cette fois, nous ne pouvions faire appel qu'aux œuvres françaises, le rendez-vous international de Bruxelles devant être respecté.

*
* *

Le Congrès de 1909 se tint les 5, 6, 7 novembre, ici. Même horaire que précédemment avec, en plus, une visite à l'Exposition d'horticulture où les produits de quelques-uns de nos jardins figuraient pour la première fois.

La méthode du Congrès fut un peu modifiée.

Au lieu d'un rapporteur unique résumant toutes les communications reçues, il fut fait appel à quatre rapporteurs distincts, traitant chacun une question spéciale.

M. Paul Bacquet fit la statistique des jardins en France, dressant leur carte par régions et départements.

M. Robert Georges-Picot traita des Jardins ouvriers dans la loi française, au point de vue juridique.

M. Louis Rivière mit en relief les œuvres d'entr'aide, de coopération et de mutualité, dont les Jardins sont le théâtre et la cause.

Enfin, *M. le Dr Mornet de Bourges* étudia les moyens de développer la culture et d'augmenter les produits de nos modestes coins de terre.

Les présidents de séances complétaient ces données en traitant, eux aussi, des sujets spéciaux :

M. Henry Grosjean, délégué du ministre de l'Agriculture. parla des bons effets du Jardin.

Mme Changeux, de Reims, du Jardin créateur de joie : c'était exquis !

M. le Dr Calmette, du Jardin instrument de lutte contre la tuberculose.

Et *M. l'abbé Birot*, d'Albi, des effets moraux des Jardins ouvriers, faisant en quelque sorte la philosophie et la théologie de notre œuvre.

M. Ducrocq, notaire à Lille, signala les résultats obtenus dans cette vaste capitale industrielle, et d'une monographie fit un exemple.

Enfin, *M. Lépine*, dans une mémorable séance de clôture, dit brillamment pourquoi lui, *préfet de Police*, était avec nous dans cette œuvre, tandis que *M. de Nolhac*, conservateur du Musée de Versailles, montrait les jardins royaux ouverts au peuple et le mettant en goût de beauté, d'ordre et d'harmonie.

Le fait important signalé dans ce Congrès a été la *déclaration d'utilité publique accordée à la Ligue du Coin de Terre et du Foyer* et l'effort provoqué conséquemment pour grouper autour d'elle les œuvres de

Jardins et leur assurer aussi le droit et le moyen de recevoir des dons et legs.

On avait compris qu'il fallait consolider en profondeur ce qui avait été multiplié en surface, et harmoniser ce qui avait été lancé avec plus d'enthousiasme que d'esprit de suite.

*
* *

Le Congrès international de Bruxelles, tenu en 1910, fut l'occasion pour les Français, les Allemands, les Hollandais, les Italiens, les Hongrois, les Belges, de se rencontrer de nouveau. J'y fis un discours et portai un toast.

Nos amis, *MM. Bacquet, R. G.-Picot, Mornet et Rivière* firent des rapports. Ce troisième Congrès international eut un grand éclat par les personnages qui y assistèrent. Les Français formaient les deux tiers des congressistes. Leurs communications furent très remarquées et ce ne fut que justice quand nous apprîmes que M. Rivière était nommé officier de l'un des ordres de l'État belge.

Le Congrès international prochain doit se tenir en Allemagne. Nos amis de là-bas demandent qu'il ait lieu *en 1914*, pour une raison qu'ils indiquent et que je n'ai pas à développer. 1913 est pour eux la célébration d'un centenaire où il y aura des manifestations, que le patriotisme allemand explique, mais dont les susceptibilités légitimes des cœurs français auraient à souffrir... Les pensées sont des fleurs et les *pensées délicates* sont les fleurs de nos jardins ouvriers ; des deux côtés du Rhin, elles y poussent.

En dehors du Congrès international de 1910, et du Congrès national de 1909, il y a eu, depuis 1906, des Congrès *régionaux* nombreux dont le succès a été grand et qui expliquent que nos adhérents des Congrès de Paris soient moins pressés qu'autrefois de venir au centre. Ils se sont réunis en province.

Dans la région du Nord, à Tourcoing (1905) et à Lille.

Dans la Somme, à Abbeville, Doullens, Péronne.

Dans la Normandie, à Caen (1907), au Havre, à Rouen.

Dans la Bretagne, à Lorient.

Dans le Sud-Est surtout, à Lyon, Saint-Étienne, Grenoble (1908).

En outre, beaucoup de Congrès de toutes sortes qui ne sont pas des Congrès *proprement dits de jardins*, ont inscrit cette question à leur ordre du jour et l'ont traitée à un point de vue spécial.

Les Congrès catholiques et les Congrès sociaux confessionnels ont envisagé les jardins comme un moyen d'apostolat religieux.

Les Congrès de bienfaisance comme une des formes les plus parfaites de l'assistance par le travail.

Les Congrès de crédit immobilier comme un acheminement vers la petite propriété et vers la maison.

Les Congrès d'horticulture comme un moyen de démocratiser le jardinage.

Les Congrès médicaux et de tempérance comme un des meilleurs antidotes contre la tuberculose et l'alcoolisme.

Faut-il ajouter que beaucoup d'œuvres importantes ont des assemblées générales annuelles où elles passent en revue tout ce qui a été fait, étudient ce qui est possible, font appel à des personnalités influentes et composent ainsi de petits Congrès. Telles les œuvres de Paris où *M. Viger*, *M. Noblemaire*, *M. Imbart de Latour*, *M. Robert David* ont parlé successivement : celles d'*Orléans*, de *Blois*, de *Bordeaux*, de *Tourcoing*. Pour ces diverses causes et par ces moyens divers, tout semble avoir été dit sur notre œuvre et à force de sortir et de se répandre et d'être chez les autres, elle finirait par n'être plus chez elle nulle part.

En d'autres temps, les œuvres de jardins qui ont une orientation spéciale auraient moins hésité qu'aujourd'hui à se grouper autour du tronc primitif dont elles auraient consenti à rester les branches.

Le présent Congrès est fait, Mesdames et Messieurs, dans le même esprit que les précédents, et il est fait pour maintenir cet esprit.

A la Ligue du Coin de terre et du foyer qui l'organise, nous restons convaincus que notre devoir est de persévérer dans notre ligne primitive.

Nous avons toujours été partisans de l'union de toutes les œuvres de Jardins et de leur fraternelle collaboration. Il nous semble que, dans le jardin ouvrier, éclosent des sentiments qui sont l'universel honneur de l'humanité, et se développent des qualités morales qui rapprochent tous les cœurs droits. On trouve dans nos jardins le travail, l'esprit de famille, l'embryon de l'art, le respect du bien d'autrui, l'amour du sol natal, le patriotisme, fleurs des âmes à côté des fleurs des parterres. Ces résultats moraux et sociaux suffisent à justifier notre action et à récompenser nos efforts.

Ils ne s'imposent pas aux ouvriers ; ils sont la moisson qui pousse dans leur âme volontairement orientée au bien.

C'est ainsi qu'avaient compris notre œuvre tous ceux qui ont parlé pour elle. Elle n'est pas neutre dans le sens stérilisant de ce triste mot. Elle est respectueuse de la liberté humaine et de la conscience.

Prêtre, je me souviens que, telle qu'elle est, elle fut bénie par les cardinaux Langénieux, Coullié, Richard, et l'élite de l'épiscopat français.

Telle qu'elle est, elle fut célébrée, exaltée par Brunetière, pour qui la littérature ne pouvait se séparer de la morale, par Georges-Picot, ce grand homme de bien, ce chrétien digne des vieux âges, par le Dr Grancher, le médecin ami de notre pauvre humanité, par Beernaert, pour qui la politique, la sociologie et la religion librement pratiquée ne faisaient qu'un, par des amis plus humbles, mais au cœur droit, à l'âme très noble, le Dr Aigre à Boulogne, Lallement de Nancy, Saleilles, cette conscience si haute et si pure ! (*Applaudissements.*)

Tous étaient désireux de voir l'œuvre des Jardins ouvriers large, profondément humaine, patriotique, douce et gracieuse, réconciliatrice et familiale, comme la terre, notre mère commune, qui ne refuse le pain à aucun de ses enfants, ni le parfum de la fleur, ni la pierre pour se reposer, ni l'arbre pour l'abriter de son dôme feuillu.

C'est encore notre désir, Mesdames et Messieurs, et c'est aussi, je le sais, votre volonté.

Sous ces auspices, le IVe Congrès des Jardins ouvriers est ouvert.

LES AMIS ABSENTS

M. l'abbé Lemire donne ensuite lecture de quelques télégrammes et lettres d'excuse.

M. Pams, ministre de l'Agriculture, écrit :

J'aurais été heureux de pouvoir me rendre à cette intéressante réunion d'inauguration de votre Congrès ; malheureusement des engagements pris pour le 8 novembre me priveront de ce plaisir. Je vous en exprime tous mes regrets.

M. Chéron, alors sous-secrétaire d'Etat :

Paris, 8 novembre.

Mon cher Collègue et Ami,

C'est avec grand plaisir que je serais allé aujourd'hui au Congrès des Jardins ouvriers dire mon admiration pour votre œuvre et pour vous-même.

Nul plus que moi n'apprécie ce que vous faites tous les jours pour le bien public, avec tant de cœur, tant de désintéressement, et, pourquoi ne pas le dire, avec tant de courage.

Mais j'ai promis d'être samedi à Caen où l'on fête un brave homme qui, dans une sphère plus modeste, a fait son devoir lui aussi.

Vous m'excuserez. Mon collaborateur et ami, Vattier sera d'ailleurs des vôtres. Et vous savez si c'est un de vos fidèles.

Bien sincèrement à vous.

Chéron

Mgr Mignot, archevêque d'Albi :

Je suis désolé de ne pouvoir répondre cette année à votre si cordiale invitation. Je le suis d'autant plus qu'il m'eût été très agréable de vous donner un témoignage d'affectueuse sympathie au milieu de vos ennuis et des injustices dont vous êtes l'objet. Mais je ne me tiens pas pour quitte et, si Dieu nous prête vie et santé, je présiderai votre fête l'an prochain.

M. Lépine, préfet de Police :

Monsieur le Député,

Dès maintenant il ne m'est pas possible de vous dire si je pourrai trouver un instant de liberté me permettant de répondre à votre appel; mais vous pouvez être assuré que, si je le puis, je ne manquerai pas de me rendre à une de vos séances rue Las-Cases.

M. Henri Grosjean, inspecteur général de l'agriculture:

De retour de voyage a l'honneur de présenter ses compliments à M. l'abbé Lemire : il le remercie vivement de son aimable invitation à assister au Congrès des Jardins ouvriers et regrette beaucoup que son absence ne lui ait pas permis d'y participer.

M. Robert-David, député. Bordeaux. Télégramme.

Absent de Paris, regrette bien ne pouvoir applaudir à vos côtés, notre excellent président. Félicitations et affections.

M. Pinault, ancien député, écrit de Rennes :

Mon cher et bon Abbé,

Hélas, je ne pourrai pas me rendre à votre réunion, je le crains, car je ne puis quitter mon père à cause de son état de santé et mon voyage sera subordonné au sien. Cependant je serai peut-être arrivé à Paris à ce moment-là : notre retour est proche. Je viens de passer six mois dans mon pays ; j'y ai dépensé beaucoup d'activité et je crois avoir fait un peu de bien.

J'espère que votre santé est bonne ; conservez-vous bien pour votre belle œuvre et pour vos amis ; j'aurais dû commencer par dire pour la Chambre.

M. Tenting, ancien député, président du Conseil général de la Côte-d'Or :

Mon cher ancien Collègue et toujours Ami,

Je suis heureux de maintenir entre nous l'amicale tradition : voici mon obole et voici mon adhésion à une œuvre qui ne peut être que généreuse puisqu'elle est vôtre.

M. Terquem, maire de Dunkerque, écrit :

Mon cher Député,

Je ne pourrai assister à votre Congrès des Jardins ouvriers, devant rentrer vendredi soir à Dunkerque ; j'y serai néanmoins invisible et présent ; si vous trouvez le petit rapport que je vous envoie suffisamment intéressant pour être communiqué en mon nom, c'est un embryon d'entreprise, c'est peut-être un exemple.

M. le Dr Calmette, de Lille :

J'étais venu à Paris avec l'intention de me rendre au Congrès des Jardins ; mais je me sens fatigué et souffrant et je décide de rentrer à Lille. Veuillez bien m'excuser auprès de nos collègues, leur dire tous mes regrets de ne pas participer à leurs travaux. C'est une privation grande pour moi de ne pas être à vos côtés.

M. Cazalet, de Bordeaux :

Mon cher Président,

Rappelé à Bordeaux par les nécessités de ma candidature à la Chambre de commerce, je suis obligé de manquer au rendez-vous que nous nous étions donné sur le terrain des Jardins ouvriers. Je suis désolé de ce contre-temps ; il m'aurait été si agréable de rendre hommage à votre admirable apostolat et de vous présenter les résultats de Bordeaux toujours en progrès.

M. Ducrocq, notaire à Lille :

Mon cher Président,

Un voyage que je viens de faire en Bosnie-Herzégovine s'est, à cause de la situation politique, prolongé bien au delà de mes prévisions. Je trouve en rentrant à Lille une énorme besogne. Je vais devoir m'imposer un sacrifice très pénible en ne prenant pas une part effective à votre Congrès de Jardins, auquel l'œuvre de Lille sera représentée par M. Blanckaert...

Mon secrétaire vous a fait tenir en mon absence ma cotisation de congressiste. Voulez-vous bien y ajouter, pour les dépenses imprévues du Congrès, la petite somme ci-jointe ? Je compte sur votre amitié pour me dire sans ambages s'il est utile que je vienne plus largement en aide à notre dévoué comité d'organisation.

Votre bien cordialement dévoué.

M. Ducarin, maire de Comines, 9, rue de Luynes, Paris :

... J'aurais voulu prendre contact avec les personnalités qui s'occupent de votre grande œuvre démocratique et moralisatrice, aussi je vous en exprime mes plus vifs regrets.

M. Dubas, notaire à Dreux :

CHER MONSIEUR L'ABBÉ,

Heureux congressistes ! j'envie leur sort. Je suis retenu ici et je ne pourrai aller vous retrouver tous que dimanche. Inscrivez-moi pour le banquet de midi. Je vous retrouverai à l'Exposition dans la matinée.

Nous avons reçu également des adresses de sympathie de nos amis de l'étranger.

M. Bielefeldt, de Lubeck, nous a adressé le télégramme suivant :

La Ligue allemande des Jardins ouvriers exprime au Congrès et à son éminent président sa sincère sympathie et leur souhaite bon succès.

Mme Frænkel, de Berlin, toujours fidèlement attachée à notre œuvre, nous écrit :

Avant tout, je souhaite au Congrès de Paris le meilleur résultat. Je garde un éternel souvenir des Congrès auxquels j'ai pris part avec grand bonheur... Je vous prie de bien vouloir présenter mes respects à toutes les Dames et Messieurs du Congrès que je connais, et je reste, avec mes sincères salutations, votre dévouée.

QUESTION

Statistique et situation des Œuvres françaises de Jardins Ouvriers

La parole est à M. Paul Bacquet, docteur en droit, avocat à Boulogne-sur-Mer, rapporteur général.

MESDAMES, MESSIEURS,

L'usage veut qu'au commencement de chaque Congrès national l'on fasse la statistique des œuvres françaises de Jardins ouvriers et l'on résume leur situation générale. Ce bilan triennal met en relief les progrès réalisés, les pertes subies, les positions acquises ; il en découle chaque fois d'utiles leçons.

I

Les tableaux que vous avez sous les yeux, dressés d'après les documents conservés aux archives de la « Ligue française du Coin de Terre et du Foyer », et complétés suivant les 75 rapports qui nous ont été adressés à l'occasion de ce Congrès, fournissent les chiffres suivants :

Deux cent quatre-vingt et une œuvres françaises de Jardins ouvriers, réparties dans 63 départements et dans 194 localités, présentent un total de 17.825 jardins ; elles couvrent une superficie totale de 550 hectares et le nombre de leurs bénéficiaires dépasse 90.000.

Ces chiffres sont imposants et vous pouvez en être fiers. Mais ils ne prennent toute leur valeur que par comparaison avec les statistiques antérieures.

En 1909, nous avions en France 260 œuvres, et

15.745 jardins établis sur 465 hectares; 63 départements et 202 villes ou villages se les partageaient; 75.000 personnes en bénéficiaient.

Depuis trois ans, l'idée n'a pas pénétré dans les 24 départements réfractaires et nous n'avons eu à enregistrer dans les autres que 25 fondations nouvelles. Quatre disparitions seulement nous ayant été signalées, l'augmentation réelle est de 21 œuvres.

Le progrès a été beaucoup plus sensible dans le nombre des jardins en augmentation de 2.680. C'est que les œuvres mortes étaient peu importantes et que les sociétés de plusieurs grandes villes : Paris, Lyon, Saint-Étienne, Versailles, Marseille, pour ne citer que les principales, ont pris un développement considérable. Cela montre que les sociétés dont le Jardin est l'œuvre principale — sinon unique — sont les plus prospères. Le principe moderne de la spécialisation apparaît donc, à l'expérience, recommandable pour notre action.

II

La forme statutaire est un autre facteur important de progrès.

Un fondateur de Jardins ouvriers qui reste isolé compromet — sauf dans certains cas spéciaux — le développement et la durée de son œuvre : le groupe de Beaune n'a guère survécu à M. Fontaine qui le dirigeait avec tant de soins.

Mieux vaut donc que le promoteur gagne à son idée une organisation déjà existante, ou qu'il s'entoure d'un comité spécial.

La commune de Romainville, la municipalité de Dunkerque, le bureau de bienfaisance d'Avesnes, les Caisses d'épargne de Marseille et d'Agen ont ainsi créé des jardins ouvriers depuis 1909. A Étaples, un *syndicat d'ouvriers*; à Marseille, la *Provence coopérative* ont aussi réalisé la proposition de plusieurs de leurs membres.

Mais cette forme, assurément meilleure que la première, n'échappe pas à tous reproches.

Dans son rapport, M. Georges Asselin, fort d'une expérience de plus de dix ans, met en garde ses confrères de la Société de Saint-Vincent-de-Paul, contre les dangers des errements actuels.

D'après lui, le caractère charitable des conférences contrarie parfois le développement régulier de l'Œuvre des Jardins qui doit poursuivre le relèvement social des bénéficiaires.

M. Asselin conseille à tous ses confrères de fonder des œuvres spéciales de jardins dont profiteraient, bien entendu, les familles qu'ils assistent.

Les faits semblent confirmer la thèse de notre ami et nombreuses sont les œuvres de Jardins ouvriers qui, nées au sein de la Conférence de Saint-Vincent-de-Paul ou d'autres sociétés, s'en sont détachées tout en conservant avec elles d'étroites relations. C'est l'histoire des œuvres de Saint-Omer, de Clermont-Ferrand, de beaucoup d'autres.

Cette observation vaut également pour les organismes administratifs : communes, bureaux de bienfaisance, caisses d'épargne... qui créent des jardins. Leurs règlements sont rigides, leurs habitudes souvent routinières, et la tutelle administrative est bien stricte. Une organisation indépendante serait assurément plus souple, et quelquefois aussi plus active.

C'est ce qu'avait projeté M. le Dr Aigre, le très regretté président de la section Boulonnaise de la « Ligue du Coin de Terre », lorsqu'il a fondé les Jardins municipaux de Boulogne-sur-Mer ; c'est ce que M. Lallemand — un autre disparu — avait réalisé au Bureau de bienfaisance de Nancy.

Quelle est la forme statutaire actuellement en faveur pour les sociétés spéciales des jardins ouvriers ?

Un grand nombre d'œuvres ont fait la déclaration prévue par la loi de 1901 sur les associations. C'est une très heureuse évolution à laquelle nos précédents congrès n'ont pas été étrangers. Ces associations déclarées peuvent poursuivre en toute sécurité et en toute liberté leur but. Elles peuvent même posséder les immeubles nécessaires à leur fonctionnement : maison servant de siège social ou terrain pour les jardins.

Une seule restriction à leur capacité : elles ne peuvent recevoir ni don ni legs, du moins directement, car la « Ligue du Coin de Terre et du Foyer », ayant été déclarée d'utilité publique, possède ce droit, et peut l'exercer au profit de ses sections locales.

Cet avantage considérable, le souvenir de tout ce que la Ligue du Coin de Terre a fait pour le développement de l'Œuvre des Jardins en France et à l'étranger, et le rôle très actif et très sage qu'elle continue à tenir, doivent, semble-t-il, entraîner des affiliations nombreuses. Les conditions en sont fort simples, et le conseil d'administration laisse à chaque œuvre la liberté complète de ses ressources et de son action. Il en sera de l'affiliation à la Ligue comme de la déclaration d'association ; les œuvres la pratiqueront de plus en plus.

L'effectif de notre grande fédération est déjà imposant d'ailleurs, sinon par le nombre des sociétés, du moins par leur importance : les 23 sections locales et associations affiliées groupent plus de 5.000 jardins.

DISCUSSION

M. l'Abbé Lemire insiste sur l'utilité et presque la nécessité d'un *comité directeur ;* une œuvre qui n'a qu'un homme à sa tête lui survit difficilement. Ce fut le cas des Jardins de Beaune, à la mort de M. Fontaine.

Il insiste également sur le bien-fondé d'une déclaration selon la loi de 1901.

M. l'Abbé Delbecque, curé de Maing (Nord), fait une objection à la déclaration légale, et demande s'il y a un véritable intérêt à former une association déclarée : cela coûte de l'argent. Et nous en avons si peu !

M. R. Georges-Picot. — La grande utilité qu'il y a à transformer les œuvres de Jardins ouvriers en associations déclarées de la loi de 1901, c'est qu'il faut toujours penser à la possibilité de devenir propriétaire du terrain, et comment le pourrait-on si l'on n'est pas association déclarée ? De plus, on ne peut s'affilier à la Ligue que si l'on est *association déclarée.* La déclaration coûte 17 fr. 80, l'affiliation à la Ligue 20 francs par an.

M. Boidin. — Dans le Nord, toute société déclarée reçoit une gratification de 40 francs du Conseil général.

Le R. P. Volpette. — Évidemment, il faut faire la déclaration ; mais la loi de 1901 défend, paraît-il, que les associations contractent des assurances. M. Dumont, ancien ministre, a dit cela.

M. Lemire. — C'est une méprise. La parole de M. Dumont a été mal interprétée. Les jardins sont assimilés aux maisons à bon marché qui peuvent s'assurer (loi de 1906). Il suffit d'ailleurs pour faire une assurance, qu'il y ait un propriétaire connu.

M. R. Georges-Picot. — L'avantage de l'affiliation, c'est de pouvoir unir les œuvres, et surtout de pouvoir acquérir à titre gratuit ; les associations de 1901 ne peuvent le faire qu'à titre onéreux ou par le système des cotisations, qui sont généralement peu importantes.

Les œuvres de Jardins ouvriers qui sont rattachées à la Ligue peuvent acquérir comme *légataires*, notamment soit à titre de sections locales, soit à titre d'associations affiliées. Une section locale n'est pas autonome : son budget fait partie de celui de la Ligue.

Dans le cas de l'affiliation au contraire, chaque section reste complètement indépendante ; la différence est considérable comme vous voyez.

M. Paul Bacquet reprend la suite de son rapport.

III

Recevoir un don, recueillir un legs, c'est assurément le moyen le plus commode pour une œuvre de devenir propriétaire, et l'idée que leurs terres serviront à tirer d'une misère imméritée des générations et des générations de braves gens plaira aux personnes généreuses. L'Association des Jardins ouvriers de Troyes qui est aussi reconnue d'utilité publique, et la section Dijonnaise de la Ligue du Coin de Terre et du Foyer ont bénéficié l'une d'un don, l'autre d'un legs qui les ont faites propriétaires.

L'œuvre de Troyes, celles de La Rochelle et de Melun ont aussi obtenu dans ce but des subventions de plusieurs milliers de francs sur le produit des jeux.

Peu d'œuvres sont arrivées à ce résultat par leurs propres ressources : la Société des Jardins ouvriers de Saint-Omer s'est libérée du prix de son terrain au moyen de cotisations rachetées ; le Coin de Terre de Brest a payé, avec le produit de fêtes, 5.500 francs sur les 12.500 francs qu'il devait pour l'achat d'un de ses groupes ; à Toulouse, à Ivry, à Eu, au Havre, ailleurs encore, des œuvres sont aussi propriétaires.

Pour les communes, les bureaux de bienfaisance, les caisses d'épargne et les sociétés qui disposent de capitaux, la propriété d'un groupe de jardin peut être un placement.

Une Œuvre de jardins ouvriers devra, au contraire, pour se procurer les fonds nécessaires, faire des appels répétés à la charité privée. Elle compromettra parfois son crédit et devra, en tout cas, limiter son développement et le nombre de ses jardins. Toutes les ressources de la société, toute l'énergie de ses directeurs ne seront-elles pas absorbées par la dette à éteindre?

Voilà le danger que courent les œuvres à devenir propriétaires.

Aussi semble-t-il préférable qu'elles laissent à des sociétés spéciales le soin d'acquérir des terrains et de les administrer. C'est le rôle qu'assument à Paris et à Blois les sociétés du « Bien de Famille ». Ce sont des œuvres, mais ce sont aussi des affaires.

Le loi de 1906 sur les habitations à bon marché vient d'être refondue en un projet adopté par la Chambre des députés et soumis actuellement à l'approbation du Sénat. Ce projet étend aux sociétés de jardins ouvriers tous les avantages accordés aux sociétés d'habitations à bon marché à condition bien entendu qu'elles soient constituées d'après les règles de la loi de 1906 et conformément à la loi nouvelle. Nos œuvres y trouveront peut-être, particulièrement par le concours financier des caisses d'épargne, des facilités plus grandes pour acquérir la propriété de leurs terrains.

Actuellement, presque toutes les sociétés de Jardins ouvriers sont simplement locataires. Beaucoup ont mis à profit les enseignements des précédents congrès en s'assurant, par un bail en règle, une jouissance d'une certaine durée, condition très utile pour inspirer confiance et courage aux jardiniers et éviter le reproche de spéculation que certains esprits malintentionnés colportent, à défaut d'autre critique.

DISCUSSION

M. Lemire. — Je demande que quelques locataires de terrain nous indiquent comment ils s'y sont pris.

M. Cirot de Graveline s'est adressé au Génie militaire et a ainsi 100 jardins. Il a un bail par expertise renouvelable tous les neuf ans, tant qu'on n'en a pas besoin pour la guerre.

M. Blanquaert, de Lille. — A Lille, 50 jardins ont été organisés dans les fossés de la ville ; c'est également un terrain du Génie militaire.

Mme Delloue, à Croix. — Nous avons des jardins sur des terrains de la Compagnie du Nord, à bail, mais révocable, si besoin est.

M. Berton. — A Melun, notre œuvre est locataire de la Compagnie du P.-L.-M. à raison de 0 fr. 10 le mètre.

La Compagnie a promis d'autres terrains pour un temps assez long. Mais nous n'avons pas d'eau.

Peut-on louer des terrains sans canalisation d'eau pour l'arrosage ?

M. Bonnaure. — A Lyon, nous n'avons pas d'eau dans nos jardins. Nous ne sommes d'ailleurs que locataires très temporaires. En tout cas, faites des jardins avec ou sans eau ; les jardiniers trouveront toujours de l'eau jusqu'à ce qu'on puisse leur en donner.

M. Touchard. — Nous espérons obtenir à Saint-Denis des terrains du Bureau de bienfaisance.

M. Bonnier. — La Ville de Creil projette de faire des jardins pour les pauvres inscrits au Bureau de bienfaisance.

On distingue vraiment ainsi ceux qui veulent faire effort, de ceux qui sont des mendiants de profession.

M. Cirot demande qu'on fasse une motion au Ministre de la

Guerre pour qu'il réduise le prix de la location des terrains militaires.

M. Lemire. — A cause de l'adjudication qui est imposée par la loi, tous les terrains publics sont sujets aux mêmes inconvénients.

Un vœu général pourrait être formulé.

Le vœu est accepté par le Congrès.

M. Marsauche. — J'ai habité Londres et j'ai constaté que le peuple n'ose guère se promener dans les grands parcs. Il ne s'éloigne pas de West-Chapel qui est le lieu le plus malsain de Londres. « Ce qui nous manque, Monsieur, me disait une femme, c'est la campagne ! » Il est vrai qu'elle était Française et espérait revenir en France. Faute de grand air, faute de jardins, l'homme finit par s'abêtir. Plus on s'occupera de jardins, plus on verra se développer le sens patriotique et la conscience morale. Ne pourrait-on pas, à Paris, prendre les fortifications déclassées pour faire des petits jardins au lieu des grands parcs qui ne profitent réellement pas au peuple ?

M. X... — Ce qu'il faudrait avant tout, c'est qu'on laisse les enfants du peuple jouer à leur aise dans les espaces libres. Au Jardin des Plantes, ils n'ont que deux allées.

Mme Changeux. — Il y a autour de Paris de la place pour les grands parcs et pour les Jardins ouvriers qui ont tous deux leur but.

M. X... — Dans tous les Jardins ouvriers bien compris, il y a de grandes allées pour les enfants, et des tonnelles.

M. M... — Nous avons des jardins munis de tonnelles mais non clôturés entre eux. Les jardiniers n'osent pas amener leurs enfants de peur qu'ils n'envahissent les plate-bandes.

M. Berton. — A Melun, par une éducation spéciale, nous sommes arrivés, sans clôture, à faire respecter les jardins d'autrui, par tout le monde, par les enfants comme par les grandes personnes.

M. Humbert, d'Ivry-Bicêtre. — Vous savez qu'en 1911 les légumes ont renchéri d'une façon extraordinaire. J'ai demandé à la Société un jardin de 110 mètres carrés, et je n'ai plus acheté un légume pour ma famille.

Ma femme et mes enfants vont au jardin tous les jeudis et

dimanches, et chacun des enfants a un coin à cultiver lui-même. Les résultats sont excellents.

M. Damoiseau. — Dans les jardins publics, les enfants ne sont pas libres. Ils ne peuvent pas courir dans l'herbe et il y a toujours des gardiens à les ennuyer. Ils sont bien mieux dans les Jardins ouvriers.

M. Paul Bacquet reprend son rapport :

Quant aux conditions d'attribution des jardins aux ouvriers, la *concession gratuite* et la sous-location sous des formes diverses sont également en faveur.

Les deux systèmes ont d'ailleurs leurs avantages et sont à recommander l'un et l'autre. Aux directeurs d'œuvres à choisir selon les circonstances locales.

Nous sommes loin d'ailleurs des intransigeances d'autrefois : la Société de Tourcoing, dont les jardins sont gratuits, annonce la fondation prochaine de deux groupes payants, et M. Bonnaure lui-même demande à ses jardiniers de contribuer à la formation de nouveaux groupes par un don volontaire dont chacun fixe l'importance.

Peut-être l'idée de transformer les jardiniers ouvriers en membres de l'association versant une cotisation pour obtenir certains avantages aura-t-elle demain — quand M. Guillard vous l'exposera dans son rapport — la bonne fortune de réunir l'unanimité de vos suffrages. La Société de Paris est entrée résolument dans cette voie où d'autres œuvres l'avaient d'ailleurs précédée : plusieurs rapports prônent cette façon de faire. M. le Dr Mornet l'a expérimentée à Bourges avec succès.

DISCUSSION

M. Bonnaurre revenant sur la question des cotisations, déclare qu'il n'est toujours pas partisan de faire verser quoi que ce soit aux jardiniers pour leur lopin de terre. Nos clients sont dans une extrême misère pour la plupart ; mais on peut leur demander de souscrire par solidarité pour la création de nouveaux jardins. De la sorte, ils mettent la société à même de satisfaire aux quelques milliers de demandes qui restent en souffrance.

M. l'abbé Naudet. — Je suis contre la gratuité. Les Jardins ouvriers ne sont pas une œuvre de bienfaisance, mais une œuvre de développement. Il s'agit d'élever le niveau moral de l'ouvrier.

Il faut que les gens qui font partie de cette œuvre y soient vraiment associés par un effort ; il faut qu'ils fassent un sacrifice. On ne peut aider tout le monde. Il vaut mieux dans certains cas s'adresser à une élite ; quand il s'agit de donner l'exemple et d'entraîner, c'est aux élites qu'on a recours. Par le paiement, vous faites le triage. L'élite exercera plus tard sur la masse une influence salutaire. Mais en attendant, il ne faut pas introduire dans l'œuvre n'importe qui et n'importe comment.

Il convient que les bénéficiaires se sentent responsables en quelque manière. Si l'on n'exige pas d'eux un sacrifice, bien entendu très léger, d'argent, sacrifice très largement compensé par les avantages qu'on leur offre d'autre part, ils n'auront pas cette élémentaire, cette nécessaire notion de la responsabilité. (*Applaudissements.*)

M. Blais-Mousseron. — Dans la cotisation elle-même il peut y avoir des degrés.

On organise dans certains jardins comme une sorte d'impôt progressif ; on donne le jardin gratuitement pendant un an ; ensuite on prélève une cotisation, qui pourra être diminuée si la famille a beaucoup d'enfants.

Mme Changeux. — A Reims, il n'y a ni locataires, ni propriétaires dans nos groupes. L'ouvrier est mutualiste : il paie sa cotisation très volontiers, se rendant bien compte de ce que lui rapporte son jardin.

M. Blankaert. — A Lille, nous donnons les jardins, de préférence aux familles les plus nombreuses ; nos ouvriers ne paient pas la première année; après, nous demandons 8 francs par jardin. Une section indépendante ne demande que 5 francs. Une conférence a créé des jardins pour lesquels on ne verse aucune cotisation. Ceux qui paient 8 francs les donnent très facilement et cultivent beaucoup mieux leurs jardins. Il n'y a pas de comparaison à établir entre ces jardins et les gratuits. Mon opinion est qu'il faut toujours faire payer, quitte à exonérer l'ouvrier si l'année est trop mauvaise.

M. X... — Nous avons établi des jardins gratuits; mais nous avons changé d'avis d'autant que nous avons maintenant des frais importants, et cette obole nous aide pour d'autres fondations.

M. l'Abbé Lemire résume la discussion en formulant le vœu que la contribution pécuniaire même faible se développe et se généralise, et que les ouvriers deviennent ainsi tous sociétaires par leurs cotisations.

M. P. Bacquet reprend son rapport et signale les œuvres annexes aux Jardins ouvriers :

IV

En augmentant les ressources des groupes, la cotisation des jardiniers ouvriers faciliterait la création d'œuvres annexes.

Il en pousse beaucoup sur nos jardins, et de tout genre.

Les unes ne sont guère que des variantes du Jardin ouvrier : comme les Jardins d'enfants à Séclin à Sedan et à Marseille ; le Jardin de plantes médicinales et l'École d'arboriculture fruitière de l'œuvre « Marguerite Renaudin » de Sceaux. Une intelligente initiative a, en outre, doté ce groupe d'un rucher collectif.

Une des œuvres qui s'adaptent le mieux aux Jardins ouvriers et les complètent le plus utilement, c'est l'Enseignement ménager. Il est donné avec grand succès à Roubaix, à Tourcoing, à Croix, à Lyon, à Sceaux, à Versailles, à Rouen où fonctionne aussi l'œuvre du trousseau.

S'il est utile que la femme sache accommoder convenablement les légumes, tenir la maison propre et dépenser à propos l'argent du ménage, il est bon aussi que les ouvriers se groupent en mutualités et en coopératives d'achats pour se défendre contre la vie dure et contre la vie chère.

Mme Delloue a doté l'œuvre de Croix d'une mutuelle-décès et d'une mutualité maternelle, avec consultation de nourrissons. Il y a d'autres institutions bien intéressantes à côté des Jardins ouvriers Croisiens.

L'ensemble très complet des œuvres de l'Institut populaire de l'Épeule à Roubaix est connu.

Célèbre aussi la coopérative d'achats de Fourmies. A Limoges, M. l'abbé Goguyer a créé une caisse analogue pour remédier à la hausse considérable du prix des pommes de terre l'hiver dernier. Sur son initiative, 100.000 kilos de ces précieux tubercules ont été vendus au prix coûtant à ses protégés qui ont réalisé de la sorte une économie de plusieurs milliers de francs.

Il y a des caisses rurales à Saint-Étienne, à Reims et à Roubaix ; une caisse de loyers à Marseille ; une bibliothèque gratuite à Tours ; à Saint-Étienne encore, un cercle d'études, un vestiaire qui distribue 800 objets chaque année, et une chorale de 100 membres : « Les Petits Chanteurs du Genêt fleury. »

Dans la même note, c'est le cas de le dire, signalons

la Fanfare et la Société de fifres de l'œuvre lyonnaise.

Enfin, de différents côtés, des bulletins sont publiés pour maintenir entre directeurs et jardiniers un utile contact.

Mais l'œuvre qui nous séduit le plus, tous tant que nous sommes, c'est la maison. Il est si naturel qu'une maison pousse sur le jardin. Mais l'entreprise est d'importance et la question complexe.

Par des moyens divers, souvent très ingénieux, des maisons ont été construites un peu partout : le Père Volpette s'est même fait briquetier pour édifier à meilleur compte les 16 maisons des jardins de Saint-Étienne.

L'idée si jolie de la dot terrienne, que M. le Dr Lancry a lancée, avec beaucoup d'autres, depuis trente ans qu'il lutte pour le terrianisme, a été réalisée à Blois, à Sceaux et tout récemment en Bourgogne.

La loi du 10 avril 1908, dont M. Ribot nous exposait les grandes lignes en clôturant notre Congrès de 1906, nous a mis en main l'instrument puissant et souple que nous attendions. Plusieurs fondateurs et directeurs de Jardins ouvriers occupent une place importante dans les Sociétés de Crédit immobilier qui se forment par toute la France. C'est un des nôtres, le président des Jardins ouvriers de Saint-Omer, M. Joseph Lardeur-Becquerel, qui fut le metteur en œuvre de la loi ; il est resté son plus zélé apôtre.

Et nos groupes ont collaboré aussi à cette œuvre si intéressante. La section boulonnaise du Coin de Terre et du Foyer a fait obtenir à 43 braves pères de famille 200.000 francs de prêts. Les jardiniers ouvriers de Frileuse au Havre peuvent acheter leur terrain grâce aux sommes que leur prête le Crédit immobilier havrais : la Société des docks leur avance même le premier capital nécessaire lorsqu'ils ne le possèdent pas. L'œuvre de Séclin a constitué une société d'encouragement à la petite propriété, celle de Tourcoing favorise aussi l'épargne pour le terrain et la maison.

Une nouvelle voie s'ouvre devant nous qui nous conduira, si nous la suivons avec sagesse, à des résultats étonnants.

V

Je m'excuse, Mesdames et Messieurs, de vous avoir présenté un résumé très sec et sans agréments des intéressants rapports que vous nous avez envoyés. Mais je n'ai pas voulu me parer à vos dépens et j'ai borné mon rôle à tresser la corbeille dans laquelle vous allez tous piquer les plus belles fleurs de vos œuvres : idées ingénieuses, pensées touchantes, traits de charité ou d'héroïsme quotidien, le plus difficile, un peu d'esprit aussi, même gaulois, et beaucoup de bonté.

A la fin de la séance, la corbeille aura disparu sous vos richesses florales et votre travail sera un petit chef-d'œuvre, puisqu'y aura présidé l'homme qui est à la fois le cœur et l'âme de notre œuvre et que nous reconnaissons comme notre maître à tous, le président des Jardins ouvriers de France. (*Applaudissements répétés.*)

DISCUSSION

M. Boidin. — Les œuvres annexes profitent souvent aux jardins. Grâce à une société d'achats en commun, nous pouvons voir les ouvriers tous les mois, même en hiver. Nous achetons ainsi le charbon, les haricots, les pommes de terre.

M. Damoiseau. — A Orléans, il y a un syndicat agricole ; un des jardiniers en fait partie et a des prix de faveur. Ne peut-on affilier une œuvre de jardins à un syndicat agricole ?

Mme Delloue. — Beaucoup de familles demandent un jardin

pour avoir des secours ; la cotisation de 5 francs leur revient en mutualités de naissance ou de décès.

M. Marque. — A Ivry, nous avons une mutualité maternelle affiliée à l'œuvre de Paris qui admet des adhésions collectives. Je voudrais, à côté de cela, créer une œuvre qui permettrait de placer les nouveau-nés chez un camarade, plutôt qu'à l'Assistance publique, comme cela se fait trop souvent.

M. l'abbé Lemire. — Cela me paraît difficile ; votre responsabilité serait bien grande ; mais l'idée est bonne.

Mme Delloue. — Nous avons justement créé une mutualité pour que l'enfant ne quitte pas la famille.

Mme Pingard. — Nous avons une société maternelle. A chaque naissance, nous donnons différents bons. Mais c'est une œuvre indépendante des Jardins ouvriers.

Le R. P. Volpette. — La *Caisse rurale* prête aux ouvriers pour les empêcher de sombrer ; ils rendent très bien ce qu'ils ont emprunté. Notre dispensaire prend une partie des cotisations et nous permet de soigner les ouvriers qui préfèrent nos médecins. Notre caisse rurale est de droit commun, et fait toutes sortes de prêts ; elle est née des jardins, mais reste indépendante. Au dispensaire, on donne à l'ouvrier des bons de consultation. Ce sont les ouvriers eux-mêmes qui fixent la cotisation ; souvent il se trouve qu'un ouvrier ne peut vraiment pas payer ; les autres paient pour lui.

Mme Changeux. — Nous avons une caisse rurale semblable à celle de Lyon. Nous avons un terrain et nous avons mis des maisons à la disposition des jardiniers au prix coûtant. Notre caisse rurale a permis à certains d'emprunter pour faire cette acquisition. Nous distribuons des carnets de caisse d'épargne aux enfants.

M. Pruvost. — A Roubaix, certains jardiniers ont fondé une société de secours mutuels, une société de couture pour les femmes ; tout cela augmente la cohésion entre les jardiniers.

M. l'abbé Lemire. — M. Paul Bacquet a fait le relevé du nombre d'œuvres et de jardins existant. Je tiens à y revenir :

281 œuvres ;
17.825 jardins.

C'est encourageant, Mesdames et Messieurs.

Je remercie notre ami M. Bacquet qui suit avec tant d'intérêt le développement de notre œuvre. Il en est l'archiviste et l'historien.

Vous pouvez vous adresser à lui chaque fois qu'un renseignement de statistique vous semblera utile à demander, utile à fournir. Il recueille tout pour être à même de répondre à tout.

En votre nom je le remercie. (*Applaudissements.*)

La séance est levée.

DEUXIÈME SÉANCE

Samedi 9 novembre, à 9 heures du matin

Les Sociétés d'horticulture
et les Jardins ouvriers

Président : M. Maurice de Vilmorin. Autour de lui viennent se ranger successivement au bureau, M. Viger, ancien ministre de l'Agriculture, président de la Société nationale d'Horticulture, M. Besnard, de la Société d'Horticulture de Melun, M. Rivoire, de Lyon, M. Huguier-Truelle, de Troyes, M. Curé, directeur technique de Sceaux, M. Choquet, de Lens. Ce sera la séance horticole.

M. l'abbé Lemire remercie M. de Vilmorin en ces termes :

« Déjà, dit-il, la Société nationale d'Horticulture, en nous recevant dans son local, en mettant la question des Jardins ouvriers à l'ordre du jour de ses discussions, en nous associant à son exposition annuelle d'automne, a prodigué à notre œuvre les témoignages de sa bienveillance. Son président M. Viger a présidé notre assemblée annuelle avec bonne grâce et infiniment d'esprit.

» Aujourd'hui, M. de Vilmorin, qui la représente, nous fait à son tour un grand honneur.

» Le nom de Vilmorin est synonyme d'art, de bienfaisance et de distinction.

» A l'étranger, la maison Vilmorin fait la réputation de la France par les merveilles qu'elle réalise et qui, dans tous les concours internationaux, assurent à l'art des jardins, art éminemment français, la première place.

» Au dedans, elle a une célébrité universellement reconnue par les produits et les graines qu'elle cultive, par les procédés qu'elle invente, par les progrès qu'elle expérimente et accomplit.

» Aujourd'hui même l'on peut admirer à l'Exposition ce qu'elle a su faire, toujours fidèle à cette parole inscrite sur le monument d'un de ses ancêtres :

« Sans les Vilmorin, il y aurait moins de pain pour les » hommes, moins de sucre dans l'alimentation, moins de » fleurs dans les jardins du monde. »

» Un ouvrier, venu de Courbevoie ce matin, avec quelques carottes, choux, radis, charriés sur une charrette à bras à travers Paris, disait à ses camarades : « Je vais épater » Vilmorin ! » C'était pour lui le *nec plus ultra* du succès. Et il plantait un petit drapeau tricolore sur son lot de légumes avec ces mots : Vive la France !

» Épater Vilmorin ! le brave cher homme, il oubliait que les graines de ses produits venaient de la maison Vilmorin dont l'annuel cadeau est pour nous comme la dîme des pauvres prélevée en leur faveur.

» Vous êtes chez vous, monsieur de Vilmorin, dans les Jardins ouvriers. Soyez-y le bienvenu. Et puissions-nous, en profitant de vos leçons, de vos exemples et de vos bienfaits, arriver à ce que nos Jardins ouvriers soient parmi les jardins du peuple les plus productifs, les mieux tenus et les plus beaux ! »

M. de Vilmorin, en quelques mots émus, répond à l'abbé Lemire. Il ne prend point pour lui les éloges qui viennent d'être adressés. « Nous sommes une maison dirigée par une famille. Je ne suis que l'un des membres de cette famille. Je suis heureux d'apporter à l'Œuvre des jardins toutes nos sympathies. »

La parole est à M. Choquet, directeur des Jardins ouvriers des mines de Lens, pour le rapport sur les Sociétés d'Horticulture et les Jardins ouvriers.

Mesdames,

Messieurs,

Ce n'est pas sans une certaine appréhension que nous avons accepté la mission de venir résumer devant vous la question inscrite au programme de cette séance. Mais, en même temps qu'il nous en proposait l'honneur, M. l'abbé Lemire nous demandait ce que sa délicatesse appelle un service. L'hésitation alors n'était plus permise, car laisser échapper une occasion d'être agréable à M. l'abbé Lemire, à lui qui est si bon, serait injuste.

Nous avons donc accepté avec empressement, confiant dans l'aide qui nous serait apportée, confiant, surtout, dans la bienveillante indulgence qu'un auditoire éclairé ne ménage jamais à un modeste débutant.

Question déjà traitée. — Examiner les relations que peuvent entretenir les Sociétés d'Horticulture avec les Œuvres de Jardins ouvriers est une question dérivée d'une autre déjà traitée en mai dernier, dans un Congrès organisé par la Société Nationale d'Horticulture de France. Nous avons eu connaissance des rapports présentés à cette assemblée, suivis des vœux proposés par M. l'abbé Lemire et M. Curé, vœux qui furent adoptés à l'unanimité.

Rapports reçus. — La question resta posée depuis lors, et nous l'avons suivie de près ; les excellentes communications très documentées que nous avons reçues, et, dont nous ne saurions trop remercier les auteurs, nous aidèrent beaucoup dans l'établissement de notre travail.

Il ne suffit pas de donner un jardin à l'ouvrier. — Nous savons que, pour se développer, les Œuvres de Jardins ouvriers ont besoin de concours financiers et de dévouements désintéressés. Tels sont les deux problèmes que leurs organisateurs ont à résoudre. Car, il ne suffit pas de donner un jardin à l'ouvrier; il faut aussi l'attacher à la terre, et il ne s'y attachera vraiment qu'en voyant ses efforts couronnés de succès. Après lui avoir procuré un coin de terre, il faudra donc lui apprendre à s'en servir.

Envisagés suivant leurs aptitudes, nos protégés se distinguent en quatre catégories. — La connaissance des braves gens que nous voulons protéger nous permet de les distinguer, suivant leurs connaissances horticoles et leur façon d'opérer, en plusieurs catégories :

1° Ceux qui ont l'amour du jardin, qui travaillent avec art, avec goût, et ne craignent pas de modifier leur façon de faire, si cette dernière vient à leur sembler défectueuse. Ceux-là sont le petit nombre !

2° Ceux qui ne savent pas et ne demandent qu'à être guidés La bonne volonté ne manque pas chez eux, et, disons-le de suite, ils forment heureusement la grande majorité !

3° Ceux qui prétendent savoir, qui sèment et plantent à la diable, n'importe comment, qui tirent leurs enseignements de la lune, qui croiraient faire injure à saint Joseph en ne semant pas leurs oignons le jour de sa fête (même s'il neigeait !) ou offenser gravement saint Marc en négligeant de planter des haricots le 25 avril. Eux aussi sont des braves gens..., mais, quelles terribles gens, difficiles à faire changer d'avis !

4° Enfin, dans les Jardins industriels (ceux que les grandes sociétés houillères ou autres mettent à la disposition des ouvriers), nous rencontrons une quatrième catégorie de personnages : des braves gens, encore, mais, n'ayant jamais jardiné, gagnant d'ailleurs facilement leur vie, et, à qui le travail rémunérateur de la terre ne dit rien d'intéressant. Il nous faut pourtant les attacher au jardin, dans leur intérêt, d'abord, puisqu'ils y trouveront un supplément de bien-être, des avantages moraux, surtout, et puis aussi, dans l'intérêt de l'industriel, afin que, par le jardin, l'ouvrier s'attache à l'usine.

Ce n'est pas toujours facile : on ne fait pas avec 18.000 ouvriers, comme dans notre cas, ce qu'on peut faire avec 100 ; mais on a la satisfaction de se trouver du moins en contact avec le grand peuple dans toute sa vérité, et puis avec un peu d'adresse, de volonté, en y mettant beaucoup de soi-même, on finit bien par atteindre le but. Et cela, nous pouvons le dire en bonne connaissance de cause.

L'organisateur doit être secondé. — Mais alors (à moins d'être heureusement secondé, ce qui arrive souvent), l'organisateur de Jardins ouvriers doit encore se faire lui-même éducateur.

Sans doute, et les personnes qui prennent la direction des œuvres l'ont fort bien compris. Grâce à leur intelligence, grâce surtout à leur grand cœur, elles arrivent à assimiler les enseignements indispensables pour en faire bénéficier ensuite leurs protégés. Mais tout cela prend du temps et puis, on ne se révèle pas jardinier du jour au lendemain. Avec un bon jugement on apprend beaucoup dans les livres, mais il manque toujours la pratique, et par cela même, ce petit tour de main qu'il est si important de connaître.

Ce qu'il devrait pouvoir faire. — N'oublions pas que l'ouvrier, une fois pris par le jardinage, se dit : « l'année prochaine, je ferai mieux ! ». Nous ne devons donc pas nous contenter de le suivre dans cette bonne voie, mais, l'y précéder toujours et l'encourager, car son exemple entraînera les autres. Ne savons-nous pas que l'émulation est un facteur trop puissant de la réussite de nos œuvres pour le négliger un seul instant!

Mais, à ce compte, la direction d'un jardin ouvrier,

sans rien présenter d'extraordinairement compliqué, n'en est pas moins une petite science à part.

Ce qu'il devrait savoir. — Nous nous trouvons, en effet, ici, devant un système de culture un peu spécial et devons tenir compte des moyens rudimentaires dont dispose ou peut disposer l'ouvrier. Il faudra savoir choisir parmi les variétés de légumes pour ne s'en tenir qu'aux meilleures, aux plus productives, et surtout, aux plus robustes. (Cette dernière considération n'est certes pas la moins importante, car l'ouvrier peut, pendant un certain temps, pour une raison ou pour une autre, par exemple, chez nous, au moment des longues coupes, être empêché, plusieurs jours de suite, de visiter son coin de terre.) D'autre part, encore, il nous faudra suivre les progrès de l'Horticulture, apprendre l'usage des engrais minéraux pour compléter les engrais organiques qui souvent font défaut ; dans certains cas, savoir aussi recourir aux bouillies cupriques, au soufre, au sulfate de fer, toutes choses très utiles, mais bien neuves et délicates pour nos bons ouvriers ; nous ne croyons blesser personne en ajoutant qu'elles le sont aussi pour beaucoup de jardiniers.

Le concours de praticiens est donc bienfaisant, et même tout à fait nécessaire à la bonne marche de l'Œuvre. Et leur intervention est d'autant mieux venue que l'ouvrier aime à ce qu'on s'occupe de lui ; rien, d'ailleurs, ne peut lui être plus agréable et ne concourt plus à entretenir son émulation que de savoir ses efforts appréciés en connaisseurs par des personnes compétentes.

Les Sociétés d'Horticulture sont des groupes de personnes compétentes. — Ces personnes compétentes et ces praticiens expérimentés, ne les trouve-t-on pas réunis au sein des Sociétés d'Horticulture, avec qui les Sociétés de Jardins ouvriers ont, dès lors, grand intérêt à entretenir d'excellentes et cordiales relations. Nous devons aider et encourager nos protégés, mais les aider et les encourager d'une façon intelligente, utile et pratique, la seule capable de donner le maximum de bons résultats avec un minimum d'efforts sagement coordonnés.

Qu'on ne nous accuse pas de vouloir nous reposer après avoir passé la part de notre besogne aux autres!... Non, nous savons tous qu'à côté du petit terrain défriché il y a encore presque tout à faire pour mettre en valeur ceux qui attendent impatiemment leur tour!... Seconder, d'ailleurs, les fondateurs de Jardins ouvriers, n'est-ce pas une manière de leur permettre d'étendre davantage encore leurs bienfaits, et, par cela même, d'y contribuer indirectement?...

Par l'esprit même de leur constitution les Sociétés d'Horticulture doivent aider les Jardins ouvriers. — C'est de la belle et bonne besogne, Mesdames et Messieurs, à la portée des Sociétés d'Horticulture, tout indiquées, nous l'avons compris, pour aider et encourager les Jardins ouvriers. Elles le peuvent, elles le doivent, par l'esprit de leur constitution même qui est, avant tout, de favoriser le jardinage. N'y aurait-il pas là, peut-être, pour elles une obligation morale à laquelle, moralement toujours, elles ne sauraient se soustraire? Pour elles les Jardins ouvriers sont un champ tout indiqué, une pépinière au sol fertile et tout prêt à recevoir, à faire fructifier avec abondance la bonne semence qu'on voudra bien lui confier!... Elles y répandront un précieux enseignement qui aidera à augmenter les ressources des ménages pauvres; elles y sèmeront, en un mot, la bienfaisance, et ceux de leurs membres qui voudront bien entrer avec nous dans l'action y récolteront une grande satisfaction personnelle et la reconnaissance des humbles, deux biens qui n'ont pas de prix!

C'est aussi leur intérêt. — Vous nous pardonnerez, Mesdames et Messieurs, de vouloir, par habitude, envisager les choses à leur point de vue pratique. Ne pensez-vous pas qu'à nous prêter leur concours les Sociétés d'Horticulture trouveront même aussi leur profit ? Le bien n'appelle-t-il pas le bien ? Et qui nous dit que l'aide apportée aux Jardins ouvriers ne sera pas pour elles une cause de subventions nouvelles, de sympathies, en tout cas, et de concours utiles à leur plus grande prospérité dans l'avenir ?

Elles comprendront leur devoir. — Ce ne sont pourtant pas ces dernières considérations qui ont guidé la Société nationale d'Horticulture de France, les deux Sociétés d'Horticulture de Lyon, celles de Versailles, de Senlis, de Crépy-en-Valois, de Lille, d'Haubourdin, de Douai, de Roubaix, de Valenciennes, d'Arras, de Melun, d'Amiens, de Nice, de Rethel, de Caen, du Calvados, et bien d'autres dont nous ne pourrions citer la liste trop longue. Nous le voyons avec plaisir, l'idée est en bonne route ; un peu partout nos Sociétés de Jardins ouvriers reçoivent des Sociétés d'Horticulture voisines l'accueil le plus obligeant et le concours le plus empressé. Nombreux sont, d'ailleurs, les moyens dont ces dernières disposent pour nous venir en aide, en instruisant et en stimulant nos gens.

I. — Instruction

Moyens employés. — Conférences au local de la Société. — Pour les instruire, elles peuvent inviter les tenanciers des Jardins ouvriers et leurs fils, en leur donnant une carte de famille, à assister aux conférences, ou tout au moins, à certaines conférences données dans le local de la Société. Nos amis s'y rendront avec plaisir, heureux du témoignage de sympathie dont ils seront l'objet, ils écouteront bien, mais ils regarderont encore mieux !... Ils aimeront, ensuite, à discuter entre eux du sujet entendu ; chez eux des idées s'éveilleront, suggérant maint heureux projet qu'ils s'efforceront bientôt de mettre en pratique. Ceci n'est point douteux pour qui connaît le peuple.

Pour les attirer encore, ce serait si peu de choses que de leur réserver quelques lots dans le tirage de la tombola qui clôture les séances. Les membres des Sociétés d'Horticulture n'émettraient certainement pas d'objections à ce sujet.

Jardin-école. — Inutile d'ajouter que nos amis jardiniers auraient le plus volontiers du monde accès libre dans le jardin-école où ils prendraient grand intérêt et grand plaisir à se rendre compte des avantages des divers modes de culture.

Échange de bons procédés. — Mais toutes les Sociétés d'Horticulture, faute souvent de ressources, ne disposent pas toujours d'un champ d'expérience. Les Jardins ouvriers ne deviennent-ils pas, dès lors, en quelque sorte, tout indiqués pour en tenir lieu ? C'est avec plaisir et reconnaissance, nous n'en doutons pas, que les directeurs de nos œuvres mettraient un carré ou deux à la disposition des professeurs, comme terrain de démonstration. Et ce serait un véritable échange de bons procédés.

Conférences pratiques. — Alors, pourquoi, une ou deux fois l'an, la Société d'Horticulture n'organiserait-elle pas une conférence pratique dans l'enclos même des Jardins ouvriers. L'auditoire le plus assidu et le plus intéressé à ces conférences se compose habituellement de petits employés et de petits rentiers qui ont, eux aussi, leur petit coin de terre à cultiver. Les sujets traités pour les uns seraient également profitables aux autres. Et puis, quelle excellente occasion que ce rapprochement pour organiser une visite des jardins..., mais, n'anticipons pas.

Bibliothèque. — Toute Société d'Horticulture possède une bibliothèque... dont les livres sont généralement peu lus. En principe, l'ouvrier jardinier professionnel qui se respecte n'y puise jamais... ; le petit employé et le petit rentier préfèrent posséder quelques livres à eux, et, s'ils ont recours à la bibliothèque, ce qui arrive rarement, c'est pour se procurer un ouvrage traitant d'une question spéciale. Voilà donc d'excellents livres qui ne servent pas ou guère ! Pourquoi ne pas les utiliser en en mettant quelques-uns, les plus abordables, à la disposition des directeurs de nos œuvres qui, sous leur responsabilité, les prêteraient à leurs adhérents ?

Revues.— Catalogues — Nous avons aussi d'anciennes revues qui nous encombrent, de vieux catalogues dont nous ne savons que faire. Donnons-les à l'Œuvre des Jardins ouvriers qui saura merveilleusement les utiliser. Les vieilles collections de revues contiennent des articles toujours d'actualité ; les catalogues sont très intéressants à feuilleter, on y rencontre une foule de renseignements pratiques ; presque tous ceux de graines contiennent parfois un calendrier de semis et plantations, et nous savons combien ces derniers sont recherchés.

Calendrier horticole. — Ces indications de catalogues, de maisons du nord ou du midi, deviennent, malheureusement, d'une justesse... plutôt relative, suivant le climat du pays des lecteurs. Aux bons praticiens reviendra, dès lors, l'utile et facile mission de dresser, ou de faire dresser chaque mois, suivant leurs indications et leurs conseils, la liste appropriée des travaux à exécuter les mois suivants. Qu'ils nous permettent, en passant, de leur recommander de suivre la chose de près et pas à pas, pour ainsi dire. Car, si le temps devient mauvais, pendant une période un peu longue, voilà nos apprentis jardiniers tout désorientés: semant bien vite ce qu'ils n'auront plus le temps de récolter, ou hésitant, au contraire, à faire un semis qui donnerait encore de bons résultats La sagesse prescrit donc de ne pas dresser son calendrier un an, ni même six mois d'avance.

Leçons pratiques. — Quelques leçons pratiques sur la taille des groseilliers, des framboisiers, des rosiers, sur le pincement de la vigne et de la tomate, seront très profitables et aussi bien faciles à organiser. Elles incomberont, tout naturellement encore, à l'un de ces bons praticiens dont nous avons parlé. Familièrement, tout en fumant sa pipe, il fera sa petite démonstration; ce sera une amicale causerie, pendant laquelle les auditeurs ne manqueront pas d'ouvrir des parenthèses et de demander des conseils sur quelque question annexe offrant pour eux un intérêt immédiat, conseils aussitôt mis à profit et donnant de suite de bons résultats, résultats qui se traduiront bien vite par un redoublement de confiance envers le professeur improvisé.

Tableaux. — Mais les paroles s'envolent, les principes si compliqués en apparence de la taille et du pincement ne se gravent pas du premier coup dans l'esprit des auditeurs. Aussi sera-t-il bon de les résumer en quelques dessins coloriés dont la salle de réunion de l'Œuvre se décorera peu à peu. Pour leur exécution, à qui s'adresser, sinon aux jeunes gens de la Société d'Horticulture? Ce serait une excellente manière de les intéresser, eux aussi, à une bonne action, d'autant que la jeunesse a toujours quelque fierté d'exposer une œuvre signée dans un endroit visité par de braves gens disposés d'avance à s'extasier et à admirer.

II. — Emulation

Nous venons de voir ce qu'il est possible et très facile de faire au point de vue instruction. Voyons rapidement ce qu'ensemble, et presque par les mêmes moyens, nous pourrions faire de plus pour entretenir une utile émulation dans nos Jardins.

Les Jardins ouvriers but de promenade. — Pour tous les membres des Sociétés d'Horticulture les Jardins ouvriers qui se trouvent dans le voisinage peuvent devenir un but trouvé de promenade très agréable et toujours très instructive. S'ils voient qu'on s'intéresse à eux et à leurs travaux, les tenanciers des Jardins redoubleront d'ardeur et auront à cœur de montrer tout leur savoir-faire.

Visite officielle. — Conférence. — Annuellement, vers le mois de mai, après entente entre les deux comités, une visite officielle de tous les membres de la Société est très possible. On pourrait même profiter de cette occasion pour faire sur le terrain la conférence dont nous parlions plus haut. Et ce serait une grande fête dans l'enclos.

Mme X... et Mlle Y... sentiront vite tout le plaisir qu'elles peuvent causer en admirant les fleurs de la femme du garçon de bureau, ou en remarquant tout particulièrement le jardinet de son fils aîné. Et... nous savons bien qu'avec cela elles sauront tout naturellement s'intéresser à d'autres choses encore... ; il y a tant à voir dans un Jardin ouvrier!...

Ce jour-là, les enfants seront tous sages, les mères heureuses, les pères fiers de leur petit domaine et de leur petit monde, les visiteurs enchantés du rayon de bonheur qu'ils auront fait naître autour d'eux ; tout le monde sera content.

Expositions d'Horticulture. — Dans les Expositions d'Horticulture organisées par les sociétés, une place pourrait être très naturellement réservée pour un apport collectif des produits des Jardins ouvriers, et, plus tard, les récompenses encadrées dans la salle de réunion de l'Œuvre rappelleront d'heureux moments à nos bons jardiniers.

Concours de Jardins. — Jury. — Chaque année, un concours de Jardins a lieu dans l'enclos. Une partie de la commission de la Société d'Horticulture est toute désignée pour faire partie du jury d'examen Pour elle, ce serait une agréable mission, et sa présence offrirait aux ouvriers toutes les garanties de sérieux désirables.

Prix spéciaux offerts par la Société. — Les prix, en la circonstance, sont offerts par l'Œuvre des Jardins ; mais le jury obtiendra facilement de la Société un ou deux diplômes avec quelques médailles argentées ou dorées qu'elle remettra solennellement elle-même dans son local, le jour de la distribution de ses récompenses. Nous nous permettons de préférer cette date à celle de la fête des Jardins ; cela fait pour nos amis deux fêtes au lieu d'une : c'est les tenir deux fois en éveil.

Fête des jardins. — Lors de cette fête des Jardins, une délégation de la Société d'Horticulture se fera évidemment un devoir de répondre à l'invitation du comité des Jardins ouvriers ; la petite solennité en est tout simplement charmante et ne manque jamais d'intérêt pour qui sait observer ; nous promettons d'avance aux invités qu'ils ne regretteront ni la démarche, ni le temps passé.

Plantes et graines perdues. — Est-ce tout ? Nous pensons avoir dit le principal ; mais, il est un dernier point sur lequel nous tenons à appeler l'attention. Oh !

c'est peu de chose, et, pourtant, que de graines et de plantes perdues, faute d'emploi, soit à l'automne, soit au printemps, dans les maisons bourgeoises ! Serait-ce trop difficile et compliqué aux amateurs aisés de jardinage de veiller à ce qu'il n'en soit plus ainsi et d'inviter les directeurs de Jardins ouvriers à lés débarrasser de tout ce dont ils n'ont plus l'usage chez eux ? Quelle aubaine pour nos amis, et... sans qu'il en coûte rien à personne qu'un tout petit peu d'attention et de soin.

Ce que peuvent faire les Sociétés d'Horticulture aisées. — Dans tout ce qui précède, nous avons tenté d'esquisser les bonnes relations possibles avec toute Société d'Horticulture, même modeste de ressources, ce qui est fort heureusement l'exception.

De leur côté, les Sociétés de Jardins ouvriers, elles, sont toujours pauvres par nature ; dans le désir louable d'étendre toujours plus leur bienfaisante action, il leur arrive souvent même de dépenser... plus que leurs revenus !

Les circonstances indiqueront bien vite ce que peuvent faire, ce que font, grâce à Dieu, quelques riches Sociétés d'Horticulture. Chez elles, une commission s'occupant plus spécialement des Jardins ouvriers est tout indiquée pour veiller à la plus large répartition des récompenses : livres, outils, graines, médailles, croix, diplômes, etc. : elle donnera des engrais, concourra à l'établissement coûteux du forage nécessaire à l'irrigation du terrain, s'intéressera à l'installation des clôtures, organisera des concours spéciaux, créera même des Jardins, subventionnera l'œuvre existante... Que de choses sont possibles, n'est-il pas vrai, avec un peu d'argent, beaucoup de bonne volonté, le désir sincère de faire le bien, de stimuler et d'instruire !

Agir au gré des circonstances. — On ne saurait donner, d'ailleurs, de règles absolues dans cet ordre d'idées.

Si les besoins sont partout à peu près les mêmes, les méthodes à employer pour y répondre varient à l'infini, car il faut tenir compte, avant tout, du milieu et de l'esprit des gens que l'on veut aider.

Un exemple. — A la Société des Mines de Lens, par exemple, où plus de 7.000 jardins parfaitement aménagés sont patronés et protégés mieux et plus qu'il ne serait possible de le faire à la meilleure et plus généreuse des Sociétés d'Horticulture de province, les moyens que nous venons d'énumérer et que nous mettons en pratique n'ont pas semblé suffisants. On a voulu faire davantage encore, en organisant des Jardins scolaires de filles et de garçons, des Expositions scolaires d'Horticulture, des concours de fenêtres fleuries, en accordant des prix particuliers aux enfants pour leurs travaux personnels exécutés dans le jardin de la famille, en donnant des livres de jardinage, des tracts, des brochures, en organisant l'enseignement par l'image, etc., etc. Les résultats obtenus sont considérables et réconfortants ; mais, la conclusion s'impose que les moyens de stimuler et d'instruire ne manquent pas, qu'on peut toujours en imaginer de nouveaux et meilleurs les uns que les autres, différant autant avec les latitudes qu'avec la mentalité et les dispositions des personnes auxquelles on veut s'adresser.

Mesdames,
Messieurs,

La principale qualité d'un rapport de Congrès est, nous le croyons, d'être court. Votre aimable attention nous rassure de n'avoir pas été importuns, mais, avec vous, nous avons hâte de passer à la discussion plus intéressante du sujet.

Notre conviction s'est confirmée par la lecture des

notes reçues d'un peu partout que nos Œuvres de Jardins ouvriers ne font jamais appel en vain au bienveillant concours des Sociétés d'Horticulture : aussi, croyons-nous être votre interprète en leur adressant, en votre nom et au nom de nos protégés, l'expression de toute notre reconnaissance.

Nous avons voulu montrer que les Sociétés d'Horticulture et les Œuvres de Jardins ouvriers pouvaient entretenir des relations suivies, relations agréables et profitables aux unes comme aux autres ; mais nous avons surtout voulu faire remarquer quelle place il y avait, dans nos œuvres, pour tout le monde, non seulement pour le Comité directeur des Sociétés d'Horticulture et pour les praticiens, mais aussi pour les amateurs, et surtout pour les dames, pour tous ceux et celles qui veulent généreusement le bien.

Et nous pouvons les assurer qu'en nous aidant, ils n'obligeront pas des ingrats, avec nous ils concourront à faire de nos Jardins ouvriers une œuvre de paix, avec nous ils sèmeront, en même temps que les semences matérielles, la bonne graine dont parle l'Évangile ; ils nous aideront, en un mot, à faire de nos jardins une œuvre véritablement sociale, question si importante qui sera examinée dans la prochaine séance. (*Applaudissements répétés.*)

M. DE VILMORIN. — Nous n'avons pas interrompu la lecture de votre très intéressant rapport, Monsieur Choquel, parce que tout s'y tient, tout s'y enchaîne. Recevez nos compliments. Nous allons maintenant donner la parole aux congressistes.

DISCUSSION

M. BEULENS, jardinier à Sannois (Seine-et-Oise). J'étais à Nogent en 1906. Assailli de questions sur la culture par les ouvriers qui m'entouraient, je les réunis au nombre de 50 dans une salle de la mairie demandée et obtenue à cet effet. J'exposai à ces braves ouvriers les avantages matériels et moraux qu'il y aurait à créer des jardins ; la désertion des cabarets, gain pour la santé et pour la bourse, double économie puisqu'ils additionnent ce qu'ils n'auraient pas dépensé au cabaret avec le produit en légumes de leur jardin: 50 francs au bas mot économisés sur le cabaret, 50 francs de légumes par an, total 100 francs par an, 1000 francs en dix ans!

Les ouvriers se laissent convaincre ; 46 jardins sont créés à Nogent ; malheureusement beaucoup de terrains ont été repris ; il n'en reste plus que 16 maintenant.

Plus tard (1907), je recommençai le même apostolat à Montataire où je me heurtai à de terribles conflits politiques qui finirent par s'apaiser. Il y eut jusqu'à 120 membres actifs cultivant des jardins loués par eux.

Enfin (1912) à Sannois, où je réside maintenant, je me suis trouvé sur un terrain très favorable. Mon apostolat y est particulièrement fécond ; la première de ces réunions horticoles a été présidée par le maire. Le bureau est composé d'ouvriers. Ils se sont constitués en société de tempérance, d'horticulture et de jardins.

Il y a à Sannois 43 jardins et 92 membres actifs ou honoraires. Je fais des conférences d'horticulture à tous les ouvriers de la région. (*Applaudissements.*)

M. Leborgne. — Depuis 1878, la Société d'Horticulture visite les jardins de Beauvais. Nous avons une subvention du Conseil municipal (500 fr.) et du Conseil général (50 fr.). Nous visitons 853 jardins dont 494 à Beauvais même. Un professeur de la Société d'Horticulture, M. Courtois, s'intéresse à nos œuvres et donne aux jardiniers d'excellents conseils. Nos ouvriers sont très disposés à jardiner ; mais ils ne savent pas toujours comment s'y prendre. Nous les instruisons par des leçons pratiques et des visites sur place.

M. l'abbé Drieux. — A Tourcoing (Nord), *le Bulletin du Coin de Terre et du Foyer tourquennois* est distribué aux ouvriers moyennant un sou.

Il est à la fois familial, social et horticole.

Tous les mois, une chronique de jardinage est publiée sur les travaux du jardin. C'est un prêtre professeur d'agriculture qui la fait le plus généralement.

Note intéressante : un jardinier ouvrier rend compte, fréquemment, des résultats obtenus sur son jardin pour telle ou telle culture.

Il est très fier de ce rôle, et tous ses camarades ouvriers se sentent eux-mêmes honorés, et accueillent peut-être plus volontiers ces conseils expérimentés d'un ami, que ceux d'un horticulteur attitré.

M. l'Abbé Lehembre. — *(Autre détail)* A chaque nouveau terrain obtenu, il y a une conférence sur le terrain pour les nouveaux tenanciers, avec renseignements spéciaux sur la valeur de la terre, et sur les produits les meilleurs à en tirer, étant donné la nature du sol.

Deux horticulteurs et un jardinier de maison bourgeoise se dévouent à l'œuvre des Jardins ouvriers. Ils font les conférences trimestrielles, les visites, et collaborent au bulletin.

M. Boidin. — A Séclin il est distribué gratuitement une feuille qui sert de trait d'union, de moyen de communication et d'éducation technique et sociale. C'est la meilleure manière de rattacher les membres honoraires et actifs à l'œuvre. Ce bulletin revient à 14 francs par mois pour 250 exemplaires.

Mme Pingard. — A Sedan, un ouvrier relève tous les ans le total des produits du jardin pour se rendre compte de ce qu'on peut obtenir. Ses chiffres sont très intéressants.

M. Rivière signale le bulletin bimensuel qui paraît à Roubaix.

M. Pruvost. — A Roubaix, c'est vrai, on publie un bulletin qui contient les résultats de l'Œuvre des jardins, la critique des jardins, et les conseils pour l'avenir. Ce bulletin est rédigé par un chef jardinier qui a obtenu le mérite agricole.

M. Magnien, professeur d'horticulture, parle des Jardins de Melun fondés par le Dr Masbrenier. Il visite les jardins, donne des notes ; il tient à faire des cultures successives pour que l'ouvrier vienne toute l'année. Il a essayé, sans succès, de faire des conférences ; la Société d'Horticulture offre son local, mais les ouvriers sont difficiles à réunir, trop occupés la journée et fatigués le soir.

« Notre Société, dit-il, fondée en 1908, compte 75 membres payant 5 francs de cotisation. Elle a, d'une part, 14 jardins; d'autre part, une sablière de la Compagnie P.-L.-M., obtenue grâce à Mr Berton, ingénieur. Cette sablière était inculte. On y a apporté de la terre végétale pour 15 jardins; une commission surveille la culture. »

Je fais partie de cette Commission et je puis vous assurer que nos jardins donnent toute satisfaction aux initiateurs de l'œuvre.

Cette année, en 1912, nos jardiniers ont pris part aux expositions d'horticulture de la Société d'Agriculture de Melun. La Société a été récompensée d'un diplôme d'honneur et tous nos protégés exposants ont reçu des médailles en récompense de leurs efforts.

La Commission de Surveillance encourage surtout la bonne tenue du jardin, les beaux produits et leur nombre, et aussi la variété dans les cultures.

Avec la Société d'Agriculture de Melun, je me suis occupé et d'accord avec M. Brandin, feu président de cette Société, de l'assimilation des cultures jardinières rurales aux cultures jardinières des villes, pour maintenir et fixer les ouvriers à la campagne.

Nous visitons les Jardins ouvriers agricoles depuis quatre ans, et, depuis ce temps, nous distribuons des prix nombreux pour encourager les ouvriers de la terre.

Cette année, en 1912, j'ai visité 29 jardins, et 350 francs de prix ont été distribués à ces jardiniers agricoles.

Il y a là, Mesdames et Messieurs, une question parallèle à celle du problème des Jardins ouvriers qui concerne les populations des villes.

Maintenir les ouvriers agricoles dans nos campagnes est une des principales préoccupations des pouvoirs publics de ce jour. Si les Sociétés des Jardins ouvriers travaillent en harmonie avec les Sociétés d'Horticulture, elles pourraient s'adjoindre aussi les Sociétés d'Agriculture qui ne demanderaient pas mieux que de collaborer à leur effort en encourageant les jardiniers agricoles. On pourrait ainsi fixer les ouvriers des champs à la campagne et s'opposer à la dépopulation rurale qui devient désastreuse. (*Applaudissements.*)

(*C'est à ce moment que M. le sénateur Viger, ancien ministre, fait son entrée dans la salle.*)

M. de Vilmorin. — Les Sociétés d'Horticulture ont toujours aimé les Jardins ouvriers. Mais M. Viger, à qui nous souhaitons la bienvenue, va nous le dire mieux que personne.

M. Viger. — J'avais espéré, pour une fois, assister en auditeur à une séance de congrès ; mais je consens volontiers à dire quelques mots au sujet de l'œuvre admirable à laquelle M. l'abbé Lemire se dévoue avec un zèle tout évangélique, puisque l'Évangile dit : Aimons-nous les uns les autres.

L'influence du jardin est excellente, spécialement contre l'alcoolisme et la tuberculose, qui en est le résultat trop fréquent. Bien des ligues déjà ont été créées contre ces fléaux, mais aucune ne vaut celle du Coin de Terre et du Foyer.

D'autre part l'homme, l'ouvrier comme le bourgeois, a besoin de distractions. Nous ne songeons pas assez que les ouvriers n'ont pas à leur portée les distractions qui nous sont offertes. Ils vont au cabaret ; ils y absorbent de l'alcool et de l'absinthe, ce qui est pire.

Au contraire, au jardin, l'ouvrier se détend les muscles par le travail monotone de l'usine qui n'exerce que l'un ou l'autre de ses membres fatigués. Il respire de l'air pur. Il occupe son intelligence à des travaux multiples et ingénieux.

Il faut donc développer les jardins ; on trouve de l'argent pour les œuvres de guerre. Il en faut pour celle-ci, œuvre de pacification.

Chose curieuse, les ouvriers ouvrent plus facilement leurs bourses pour d'autres œuvres que celle-là. Mais ils ont si peu de ressources qu'on ne peut pas leur en vouloir ; au contraire, les bourgeois sont impardonnables : il faut non seulement les solliciter, mais exiger ; il faut prélever un petit impôt pour les jardins qui sont beaucoup plus rémunérateurs que d'autres placements, l'intérêt en étant le salut de la classe ouvrière.

M. DE VILMORIN remercie M. Viger de ces paroles si chaudes et si sympathiques en faveur des Jardins ouvriers.

Il résume tout ce qui a été dit sur les rapports des Jardins ouvriers et de la Société d'Horticulture.

M. CIROT, de Gravelines, rappelle, avec beaucoup d'humour, la fondation des jardins dans les terrains militaires. Tous les ans, il y a un concours de légumes. Une commission visite les jardins tous les mois ; chaque jardin porte un numéro pour ne pas dévoiler le nom du propriétaire ; des notes sont données à la fin de l'année, le total le plus fort a un prix. A la fête annuelle les plus gros légumes ont une récompense.

Nous avons obtenu nos terrains grâce à l'intervention de l'abbé Lemire

Nos fêtes annuelles de 1910, 1911, 1912 ont eu de l'éclat et du succès.

Avec pareil encouragement, nous n'avions pas le droit de nous arrêter sur la route.

Ces temps derniers, nous eûmes le regret de voir supprimer notre garnison.

Ce départ laissait vacant une partie de terrains à usage de jardins militaires.

L'inépuisable dévouement du député d'Hazebrouck nous servit encore et, toujours grâce à sa haute influence, 7.000 mètres carrés de terrain viennent de nous être loués par le Génie militaire.

Nous avons donc aujourd'hui 100 jardins, 100 familles heureuses.

Vous apprécierez, Mesdames et Messieurs, le développement rapide de notre œuvre.

Les 3 lots de terrain représentant environ 40.000 mètres carrés nous sont loués 328 francs.

Les sociétaires paient une cotisation annuelle de 2 francs.

Le reste est soldé par les nombreux membres honoraires, lesquels alimentent notre caisse, et des subventions diverses du Conseil général et de la municipalité.

Le supplément des recettes est employé à l'organisation d'une fête avec conférence sur l'œuvre, suivie d'un concours de légumes avec distribution de primes en nature.

Voilà, Mesdames et Messieurs, ce que nous avons fait jusqu'à ce jour.

Je vous déclare que c'est pour moi une des plus belles pages de ma vie que d'être venu expliquer, au sein de cette famille ici réunie, la naissance et la vie de la belle œuvre philanthropique de notre vieille cité gravelinoise.

J'emporterai les meilleurs souvenirs de ces belles et profitantes journées, et je m'efforcerai d'en partager les fruits au sein de mon Comité.

Bonheur et prospérité à tous !

Ce sont les vœux que je forme en ayant l'honneur de vous saluer. (*Applaudissements*).

M. Cirot, se tournant ensuite vers M. Viger :

Mon cher ministre, je vous demande d'appuyer auprès de votre collègue Millerand mon vœu pour que nous ayons des terrains à meilleur compte et plus facilement.

M. Viger. — Adressez-vous au Génie directement. L'administration militaire a ses traditions et ses habitudes. Le ministre ne peut pas descendre dans tous les détails.

M. Viger fit ensuite remarquer que les ouvriers les mieux intentionnés sont souvent bien ignorants des choses de la culture, ils ignorent l'emploi des engrais ; il demande s'il existe un petit opuscule élémentaire et très clair. On lui indique celui de M. Curé. Cependant, il existe pour la cuisine et les conserves alimentaires la petite brochure de Mlle Maraval.

M. Rivoire demande en outre que chaque jardinier ait un plan d'indications générales ; il en a fait faire, à afficher dans les tonnelles, avec modifications suivant les saisons.

M. Viger demande qu'on substitue à l'expression d'engrais chimiques celle d'engrais complémentaires, car on ne peut point se passer d'un peu de fumier.

M. Brulens. — Je m'offre à faire des causeries horticoles sur les cultures potagères, fruitières et florales, aux œuvres manquant de jardinier instructeur, pour répondre à la demande de M. Viger et je conserverai le souvenir de ses nobles et bonnes paroles.

Mme Moll-Weiss est d'avis que les jardins peuvent aider utilement au mouvement contre le vagabondage des enfants dans la rue. Elle voudrait qu'il existât une salle commune rappelant la maison familiale et de plus un jardin où les enfants puissent se développer physiquement pour se préparer à la dure vie de l'atelier. Chaque garderie d'enfants ne pourrait-elle pas être complétée par un jardin offert par l'Assistance publique ? Taine a dit que l'enfant n'aime pas la nature par lui-même, c'est vrai. Il faut qu'il s'y accoutume, qu'on lui explique, qu'il prenne l'habitude de manier les plantes, ce qui le rendra plus doux et plus fin. Donc après la classe et les jours de congé, qu'on apprenne aux enfants à aimer la nature.

Mlle Maraval explique son école ménagère, les ruches coopératives et les conserves de légumes et des fruits. Elle entre dans des détails très intéressants et très pratiques.

La séance est levée après quelques paroles de bienveillante sympathie de M. de Vilmorin.

Cette séance, dit-il, a été éminemment suggestive et il y aura grand profit à en relire le compte rendu.

TROISIÈME SÉANCE

Samedi, 2 heures

La troisième séance, présidée par M. Pierre BAUDIN, ancien ministre, est ouverte le samedi 9 novembre, à 2 heures de l'après-midi.

Se trouvaient réunis sur l'estrade, le Dr LANCRY, de Dunkerque, M. DELISLE et M. TOUCHARD, des Jardins de Paris, M. DUPONT, directeur des Docks du Havre, Mme MESNEAU, des Jardins ouvriers de Bourges, M. le Dr DENIS, d'Orléans, M. BOIDIN, directeur des Jardins de Séclin (Nord), M. l'abbé LEHEMBRE, de Tourcoing.

M. Louis RIVIÈRE, vice-président, donne lecture de plusieurs lettres qui concernent les rapports des Jardins ouvriers avec les habitations à bon marché. Grâce aux lois de 1906, 1908, 1909, ces deux œuvres marchent côte à côte. On demande que pour les jardins comme pour les maisons on fixe un maximum de valeur, variable selon les localités et d'après la population. Un notaire des environs de Paris signale les modifications de détail à faire dans les lois existantes. Enfin M. Debosque-Bonte dépose un vœu relatif aux droits de mutation sur la vente d'un immeuble par l'entrepreneur qui l'a construit pour le revendre.

M. LEMIRE. — Je suis infiniment touché et reconnaissant, mon cher Président, que vous ayez trouvé le moyen au milieu de toutes vos occupations de rapporteur du budget au Sénat, et de membre d'une série de commissions parlementaires, de venir présider une des séances de notre Congrès. Nous y voyons une grande preuve de votre sympathie pour l'œuvre et pour ceux qui s'en occupent. Et cette sympathie nous est d'autant plus précieuse que nous savons, mon cher Président, que vous êtes un des plus sûrs guides de l'opinion pour tout ce qui concerne les problèmes économiques. Je sais à quelle intervention délicate je dois personnellement votre présence. Vous ne serez point surpris que par une allusion discrète elle soit au moins soulignée.

M. Pierre Baudin est très touché des remerciements de M. l'abbé Lemire qu'il ne croit pas avoir mérités ; il est venu chercher à notre Congrès quelques instants de quiétude morale et de satisfaction intellectuelle. Malheureusement, il ne pourra nous consacrer que quelques instants ; c'est au moins une preuve de sa bonne volonté et de son désir de s'imprégner de l'esprit de notre œuvre. Il est touché de voir ici réunis des gens de toutes les opinions, et rend hommage à l'hospitalité de M. Mabilleau, le directeur du Musée Social.

« Le temps est passé des apostolats tumultueux. Aujourd'hui l'ensemble et la réunion d'une série de petits succès répétés et constants assurent le grand courant de la solidarité humaine. Chacun de nous doit porter un cœur prêt aux devoirs du citoyen solidaire. La France doit être un immense atelier de progrès matériel et moral. »

L'ouvrier que l'on visite à l'improviste dans son usine apparaît souvent avec un visage sévère et contracté, avec une expression de rudesse ; il subit la stricte discipline.

La journée finie, quand il rentre à son foyer, il y trouve souvent encore des impressions pénibles ; il s'ennuie dans ce cadre de misère.

Les lois sont suffisantes pour ménager à l'ouvrier des heures de repos et de liberté, mais insuffisantes pour les occuper et en indiquer l'emploi.

Ce sont les œuvres comme les Jardins ouvriers qui viennent remplir cette lacune et combler la sécheresse du texte législatif. Elles occupent agréablement et utilement les loisirs de la famille ouvrière.

Le Jardin rapproche ce dur travailleur de la terre, de la nature, et le met en contact avec la matière vivante, avec les végétaux dont l'évolution finit par le captiver, le passionner. Cela le fait vivre en dehors des machines et de la foule. et de cette fièvre qui envahit les masses ouvrières assemblées.

Les Jardins donnent ainsi à l'ouvrier une occupation élevée, une culture de la sensibilité qui devient une armure morale.

Dans ces petits clos, ayant accompli sa tâche de salarié, il détend son esprit et son système nerveux; il se rapproche ainsi des populations rurales moins oppressées, parce qu'elles vivent au grand air.

M. Pierre Baudin termine en admirant les photographies de jardins et de groupes, exposées dans la salle, représentant les ouvriers sous d'autres vêtements que ceux de l'usine et évoquant le souvenir des vignerons de chez lui en communion constante avec la terre, et à cause de cela, patients, pacifiques, obstinés à la tâche, jamais découragés et toujours fidèles au devoir et à la patrie.

M. l'abbé Lemire a donné à cette œuvre toutes ses qualités d'indépendance et de valeur personnelle et, ce qui est mieux, tout son cœur et toute son âme. Il convient de l'en féliciter.

M. l'Abbé Lemire remercie M. le Président de ses paroles à la fois si graves, si sociales et si sympathiques, et il est touché de l'admirable pénétration avec laquelle il a su exposer l'esprit de l'œuvre.

La parole est à M. Guillard pour la lecture de son rapport.

Mesdames,

Messieurs,

L'honneur de notre époque passionnante et troublée, que nos tendances pessimistes nous poussent à voir trop souvent plus mauvaise qu'elle n'est, sera, à n'en pas douter, dans le recul de l'histoire, d'avoir favorisé un épanouissement jusqu'alors inconnu du *sens social*.

Au salon, comme à l'atelier, sur l'étendue des champs comme au tréfonds des mines, autour des tables académiques comme autour des comptoirs de nos grands magasins, les responsabilités sociales s'éveillent, les problèmes sociaux se posent, les remèdes sociaux se discutent. Il ne sera donc pas permis de marquer d'une pierre noire une période de notre temps au cours de laquelle, patrons et ouvriers, acheteurs et vendeurs, sociologues et bourgeois, interrogent anxieusement leur conscience pour se demander s'ils accomplissent leur devoir intégralement.

Cette *préoccupation sociale* que nous retrouvons actuellement et grâce à Dieu, un peu partout, pouvait-elle ne pas être dominante dans le cœur et dans l'esprit de ceux qui ont lancé et propagé l'idée du *Jardin ouvrier ?*

La troisième question soumise à ce Congrès : *Comment les Jardins ouvriers deviennent une œuvre sociale ?* apparaît donc au premier abord, si j'ose ainsi parler, comme une question de La Palice ; tant il saute aux yeux que le Jardin ouvrier dans les formes diverses qu'il peut revêtir, est comme le type de l'œuvre sociale dans ce qu'elle a de plus simple et de plus efficace.

Tout a été dit, dans cette enceinte même, par des voix autorisées entre toutes, comme celles des Grancher, des Landouzy, des Letulle, de tous ceux, en un mot, que la lutte antialcoolique et antituberculeuse passionne à l'égal d'une croisade nationale pour démontrer que le Jardin ouvrier, ce sanatorium du pauvre, cet antidote merveilleux du cabaret, ce guérisseur de la paresse, est un remède incomparable contre les fléaux qui menacent les destinées mêmes de notre race. Tout au plus peut-on une fois encore apporter une affirmation de cette vérité que le développement du terrianisme tend à conserver nos forces nationales en luttant contre tout ce qui les débilite.

Aussi bien serait-ce faire injure gratuite aux organisateurs de ce Congrès que de les croire capables d'avoir provoqué une enquête sur des faits si abondamment démontrés ; et leur pensée est facile à lire dans les subdivisions du questionnaire adressé à toutes nos sociétés.

Ils ont voulu, cette année surtout, rechercher quelle pouvait être la puissance du Jardin ouvrier, dans l'amélioration des rapports des ouvriers entre eux, dans les progrès de cette 'force nouvelle que notre temps voit aussi grandir prodigieusement et qui s'appelle l'associationnisme; enfin, dans la réorganisation et la sauvegarde de cette précieuse cellule de nos sociétés, menacée dans son intégrité par des périls si divers : j'ai nommé la famille. Il faut ajouter, en outre, et la tragédie qui se déroule actuellement sous le regard anxieux de l'Europe en est la preuve, que le lien entre la terre et l'homme qui en est l'occupeur traditionnel, est tellement puissant qu'il n'est pas de conquête capable de l'affaiblir. Le jour arrivé, il sait donner une énergie sublime pour reprendre la place perdue sur le sol des aïeux.

Un de nos ministres de ces dernières années a pu dire, aux applaudissements de la Chambre, répondant à un député : « On ne fonde rien avec de la haine. »

Ajoutons, si vous le voulez bien, que la solidarité est un levier solide pour faire de grandes et belles choses. Le jardin ouvrier peut-il et doit-il être une école de fraternité, d'assistance mutuelle, d'énergie ingénieuse?

Par les rapports de confiance et d'estime mutuelle qu'il établit entre les fondateurs et les sociétaires, le coin de terre fleuri peut-il être un trait d'union entre des classes qui ne se connaissent pas assez pour s'aimer?

Par l'intimité joyeuse qui s'établit sous son ombre parfumée de jasmin, la tonnelle peut-elle être, pour le ménage où l'union parfaite chancelait peut-être, comme l'a dit M. l'abbé Lemire, avec le lyrisme qui émane si naturellement de son cœur, *la terre de Paix?*

Ignorant du golf ou du tennis qui détendent, au grand air, les muscles de nos mondains, l'ouvrier d'usine aux poumons desséchés, le mineur affamé de soleil peuvent-ils trouver, avec leur louchet et leur arrosoir, l'exercice distrayant, le *sport ouvrier* (pour prendre encore un mot de notre cher Président), qui, par une autre fatigue librement consentie celle-là, les rendront plus gais, plus généreux, plus indulgents et plus justes pour avoir goûté à la liberté de travailler leur terre sous le ciel de tous ?

Comme ils sont pleins de vérité douloureuse ces deux beaux vers que Richepin a mis dans la bouche de son chemineau qu'on interroge au cours de la moisson, sur son étrange mélancolie :

> Je pense aux blés coupés qui ne sont pas les nôtres
> Et dont les épis mûrs font du pain pour les autres.

Point n'est besoin de s'interroger longtemps, Mesdames et Messieurs, pour répondre à toutes ces questions : Oui, le Jardin ouvrier est, peut être, et doit être par excellence une œuvre sociale et il nous reste à examiner comment les sociétés adhérentes à ce Congrès exercent leur influence en ce sens éminemment bienfaisant.

* * *

La question de la *gratuité* ou de la *non-gratuité* des concessions de jardins est toujours vivement débattue sans qu'il soit possible d'aboutir à une solution bien tranchée. La charité, qui sera heureusement de tous les temps, et l'assistance, sa formule plus moderne, sont des formes également nécessaires de l'entr'aide fraternelle que se doivent les hommes entre eux. Toute la question est de savoir à quel moment et dans quels cas l'une doit céder le pas à l'autre pour qu'il n'y ait pas de forces perdues.

Des conférences de Saint-Vincent de Paul, des bureaux

de bienfaisance ont eu l'ingénieuse pensée de donner à leurs pauvres des bons de jardin à titre de secours. Il est hors de conteste qu'un geste purement charitable de ce genre a une portée sociale beaucoup plus haute que la remise de quelques bons de pain, ou de quelques pièces d'argent.

Parmi les tenants déclarés de la gratuité complète qui ont répondu au questionnaire, il faut citer nos amis de *Lyon*, de *Marseille*, de *Rennes*, de *Melun*, de *Tours*, de *Roubaix*, de *Bagnères-de-Bigorre*.

L'Association des *Jardins de Frileuse du Havre* a donné également la concession gratuite, mais en assurant à ses bénéficiaires la faculté d'acquérir, à un prix donné, après cinq années de jouissance.

Par contre, les partisans de la cotisation, comme stimulant de l'intérêt, et favorisant le développement du sens social, se montrent très nombreux.

A Valenciennes, à *Épinal*, à *Brest*, à *Gravelines*, à *Saint-Dizier*, à *Bourges*, à *La Rochelle*, à *Doullens*, à *Avesnes*, à *Rethel*, à *Limoges*, la cotisation, sous une forme quelconque, est exigée.

A Séclin, les ouvriers élisent une commission de délégués qui statuent sur l'admission de sociétaires nouveaux.

A Bicêtre, à Alfortville, et généralement à Paris et dans sa banlieue, l'ouvrier, par sa cotisation, devient un véritable associé.

A *Ivry*, on s'efforce de transformer les bénéficiaires en véritables collaborateurs de l'Œuvre, par l'exécution de travaux qui profitent à la collectivité, par la création d'une mutualité et par l'organisation de fêtes.

La Société havraise des Jardins ouvriers offre aux ouvriers le moyen de devenir propriétaires de leur terrain en vingt années, en payant un prix de location augmenté d'une prime d'amortissement. Mais elle ne s'adresse qu'à une élite de travailleurs capables de faire face à des charges assez lourdes.

Ils ont cet avantage d'acheter du terrain au détail à un prix relativement peu élevé. Lors des concours, les prix donnés aux meilleurs jardiniers consistent en actions de la société propriétaire.

A Reims, c'est de nouveau la cotisation qui triomphe : après une période de deux ans de gratuité, les bénéficiaires deviennent sociétaires d'une mutualité par la terre ; c'est bien là un type d'œuvre sociale.

Comme on le voit, la location est la forme la plus rare. la gratuité se rencontre dans beaucoup de groupements, et c'est la *cotisation*, c'est-à-dire l'*association*, qui prévaut.

* * *

La plupart de nos correspondants répondent au 3e de la troisième question : que les détenteurs des jardins participent d'une façon directe ou indirecte à la marche de l'œuvre, et presque tous sont d'accord qu'il devrait en être ainsi dans tous les cas.

Il est à remarquer que cette participation sera d'autant plus facile et fructueuse que les bénéficiaires d'un groupe appartiendront à des professions différentes.

Les uns confient aux ouvriers le soin de veiller à l'observance du règlement intérieur, de faire de la propagande terrienne, les autres chargent les bénéficiaires d'effectuer les recettes de la mutualité comme à *Croix* (Nord), de diriger l'entretien général des clôtures et de distribuer le bulletin comme à *Tourcoing*. Enfin, à *Séclin*, la commission ouvrière fait en commun les achats de charbon, de pommes de terre et de haricots.

* * *

La *tonnelle* a, dans notre enquête, ce qu'on peut appeler une bonne presse, à tel point que certaines sociétés, témoin celle de *Maisons-Alfort*, imposent sa confection aux bénéficiaires.

Presque partout, elle est encouragée, récompensée par des prix. C'est à peine si un de nos correspondants ajoute : « C'est très bien, mais il faut veiller à ce que la tonnelle ne devienne pas un cabaret. » Sauf cette restriction dictée par la prudence, chacun salue dans le dôme de verdure, le reconstituant par excellence de la famille, le petit Éden où se dissipent les fatigues de la semaine et les nuages qui ont pu assombrir l'horizon du ménage.

C'est aussi avec la tonnelle, qui affecte les formes les plus variées, voire même les plus étranges, que se révèle l'ingéniosité du travailleur dans la construction, comme dans la décoration. L'art ne doit-il pas trouver aussi son compte sur la terre des humbles ?

* * *

Toutes les réponses faites sous les derniers numéros du questionnaire sont unanimes pour déclarer qu'il est de première importance que les relations des jardiniers avec la direction de l'œuvre soient aussi étroites, aussi simples et aussi cordiales que possible.

« Nous constatons, écrit le très distingué directeur général de la Société des mines de *Lens*, que les *visites* aux jardins ont une salutaire influence sur les rapports entre les chefs et les ouvriers. Elles procurent, au patron et à ses représentants, l'occasion toute naturelle de converser avec les ouvriers, de leur donner de bons conseils, de faire naître la confiance, d'abaisser peu à peu la barricade, que, dans un intérêt de parti, le syndicalisme révolutionnaire s'efforce d'élever et de maintenir entre les dirigeants et leur personnel. »

* * *

Il faut ajouter en terminant ce rapide examen des réponses qui nous sont parvenues, que *la Revue du Coin de Terre et du Foyer,* qui doit plus que jamais servir de lien étroit et pensant entre toutes nos œuvres affiliées, est appréciée à sa juste valeur par ses lecteurs. « La Revue est indispensable, nous écrit-on de Séclin ; elle renseigne et encourage les comités directeurs, elle leur rappelle qu'ils doivent se tenir au-dessus des particularités locales et s'orienter sans cesse vers l'idéal le plus élevé. Quand on veut écrire un bon article dans son bulletin local, il n'y a qu'à relire quelques numéros du bulletin de la Ligue et l'on est certain d'être bien inspiré. »

Il est impossible de faire un éloge plus exact et plus mérité de la publication que dirige avec un zèle inlassable notre cher abbé Lemire.

Avec la Revue, des congrès comme celui qui nous réunit et ceux qui l'ont précédé, contribuent à donner partout aux groupements qui se sont fondés dans tous les coins de France, cet esprit familial et social qui doit être l'idéal poursuivi par ceux qui veulent faire du Jardin ouvrier une œuvre vraiment féconde, pour ceux qu'elle assiste, pour ceux qui la dirigent, et pour le pays que, de toutes nos aspirations, nous voulons voir grandir en énergie, en vaillance, en probité, en moralité, en fraternité.

Conclusion

Les réponses que je viens de vous résumer, et que nous aurions voulu obtenir plus nombreuses, suffisent à vous montrer, Mesdames et Messieurs, quel champ infiniment vaste est ouvert devant nos activités ingénieuses pour faire du Jardin ouvrier un merveilleux instrument social, s'adaptant, suivant les circonstances, les régions, les professions, les caractères, aux exigences les plus variées.

La *Ligue du Coin de Terre et du Foyer* est un tronc rempli de sève et de vie, de nombreux rameaux en sont déjà sortis couverts de fleurs parfumées et de fruits savoureux ; travaillons tous à sa croissance pour qu'il devienne bientôt l'arbre gigantesque qui couvrira de son ombre bienfaisante la grande famille française, unie sur le sol national dans le culte du Travail, de la Bonté, de la Justice et de la Patrie. (*Applaudissements répétés.*)

DISCUSSIONS

M. Pierre Baudin félicite M. Guillard et souhaite qu'à un prochain congrès, où il sera des nôtres, on puisse constater de nouveaux progrès.

M. Dupont, du Havre, explique comment, dans cette grande ville, il a pu fonder la petite propriété. Il donne quelques chiffres qui ont leur éloquence. Au bout de quatre ans, 78 0/0 de ses jardiniers ont acheté le jardin qui leur avait été concédé gratuitement au début, et s'ils voulaient le revendre aujourd'hui, ils le feraient avec 100 0/0 de bénéfice.

N'y aurait-il pas intérêt pour les patrons à encourager les ouvriers en leur donnant le terrain gratuitement pendant les deux ou trois premières années ? Parmi les ouvriers dont on parlait tout à l'heure, les uns ont économisé 50 0/0 de la valeur des terrains, les patrons leur ont prêté le reste, d'autres se sont adressés à des Sociétés de Crédit Immobilier qui leur ont fait l'avance du manquant.

M. Dupont signale que les Jardins ouvriers font oublier le chemin du cabaret, et qu'il connaît un ouvrier qui, devenu jardinier et sobre, a retiré les objets qu'il avait mis au Mont-de-Piété, payé toutes ses dettes, et construit une maison sur le terrain qu'il avait acheté. (*Applaudissements.*)

M. Delisle indique qu'à Choisy-le-Roi les jardins étant voisins des habitations, les ouvriers n'avaient pas éprouvé le besoin de construire des tonnelles, mais que depuis que M. l'abbé Lemire a insisté au cours de sa visite, ils s'y sont mis avec entrain.

M. Marque, d'Ivry, parle des tonnelles où les ouvriers construisent des placards pour mettre leurs outils et la vaisselle nécessaire aux repas du dimanche pris en plein air.

M. Touchard dit qu'à Saint-Ouen et Saint-Denis on commence également à construire des tonnelles qui rendent les plus grands services.

M. le Dr Denis. — A Orléans on a quelques difficultés à obtenir des tonnelles à cause de la précarité des baux ; il y en a 90 sur 250 jardins. Sur les terrains à baux plus longs, les résultats sont meilleurs.

Quant au prix des jardins, on est décidé à faire payer un prix différent selon la qualité des terrains : 70 ou 80 jardins sont payés par des conférences de Saint-Vincent de Paul ou des personnes charitables.

Il y a une société d'habitations à bon marché pour les familles nombreuses ; cette société loue des terrains à condition qu'on prendra de préférence ses locataires.

Mme Changeux. — A Reims, il y a des tonnelles dans presque tous les jardins. En été surtout, la famille y passe presque toute sa journée ; les enfants y vont après l'école, et on ne rentre que tard le soir; c'est un bon moyen pour combattre la tuberculose. Le jardin est une école de bons sentiments et de sentiments élevés.

Mme Changeux cite le cas d'un alcoolique qui a cessé de boire grâce au jardin ; au bout de sept ans, il était directeur de la Coopérative ; il est maintenant suisse dans sa paroisse et son aîné va entrer au séminaire.

Un autre, très vindicatif, a renoncé à se venger, grâce à l'influence moralisatrice du jardin.

M. Asselin, à Amiens, dit qu'en février 1913 doit avoir lieu le dixième anniversaire du groupe. Il a sept œuvres diverses comprenant 257 jardins, couvrant 11 hectares, 93 ares, 31 centiares, venant en aide à 1.500 personnes. Il y a de grandes difficultés pour trouver des terrains pour satisfaire aux nombreuses demandes nouvelles à cause de l'extension des constructions. Il y a quelques inconvénients à ce que les Sociétés de Saint-Vincent de Paul fassent des jardins elles-mêmes ; il est préférable d'avoir un comité de jardins distinct, auquel la conférence paie une location pour les familles trop nécessiteuses, laissant les familles payer elles-mêmes quand elles n'ont plus besoin d'être assistées.

M. l'abbé Lehembre, à Tourcoing, a des sociétés d'achats en commun. Pour la direction, il y a des délégués par chaque groupe de jardins. Pour l'hiver, nous avons organisé un petit *institut populaire* où l'on fait des conférences de morale et d'hygiène. Nous avons établi des cotisations sur la base d'un barème décroissant en faveur des familles nombreuses.

M. Damoiseau émet l'avis que l'on puisse, dans les familles de jardiniers, assimiler les parents impotents aux enfants. A Issy, les jardiniers ont décidé d'établir une tonnelle pour les jeunes gens qui les visitent.

M. Drieux. — A Tourcoing, on s'est ému de la situation misérable des familles nombreuses ; on a fondé une caisse de secours de loyers pour celles d'entre elles qui ont au minimum 5 enfants et un jardin ouvrier. La caisse donne 0 fr.75 par mois et par enfant au-dessous de treize ans. La dépense s'élève à 2.500 francs par an.

M. Curé dit qu'à Sceaux on a fondé une société d'assistance mutuelle par le travail, et que lorsqu'un jardinier est malade, un camarade lui cultive son jardin.

M. le Dr Lancry insiste comme médecin sur l'importance des tonnelles pour la santé et l'hygiène des jeunes enfants. La tonnelle du jardin vaut presque la cabine du bord de la mer qui permet le séjour en plein air malgré le vent et la pluie.

Mme Mesneau dit qu'on pourrait construire une grande tonnelle qui réunirait tous les jardiniers. Ça été fait dans une œuvre pour les enfants qu'on réunit au nombre de 150.

M. l'abbé Lemire explique que cette agglomération peut présenter des inconvénients à cause des querelles possibles et du manque de surveillance et au cas où les enfants, en jouant, pourraient se blesser.

M. Georges Paulet, directeur de la Prévoyance sociale au Ministère du Travail, dit qu'il est toujours heureux d'apporter aux promoteurs de Jardins ouvriers ses encouragements les meilleurs. Il explique tout l'intérêt que présente l'adjonction d'un jardin à la petite maison ouvrière. Il fait l'historique des lois qui sont parvenues à donner l'existence légale aux Jardins ouvriers longtemps obligés de s'abriter sous le couvert des habitations à bon marché. Il annonce qu'une nouvelle loi va permettre aux Jardins ouvriers de se développer par la constitution de sociétés ayant les mêmes avantages et les mêmes droits que les sociétés d'habitation à bon marché. On n'attend plus que le vote du Sénat. Les Jardins ouvriers sont une des plus belles tentatives que l'on ait faites au point de vue moral. Ils préparent très bien à l'acquisition de maisons, et acheminent vers elles les ouvriers par une pente douce et un invincible attrait. Les locataires de maisons à bon marché paient parfois plus que dans leurs anciens taudis, mais ils ont une vie hygiénique meilleure et, d'autre part, si un jardin est annexé à la maison, le jardin leur permet de réaliser des économies. Aussi il faut voir combien ils y tiennent ! Et il convient de féliciter ceux qui le leur procurent ! (*Applaudissements.*)

M. Asselin remarque que là où les jardiniers deviennent acquéreurs de terrains, peut-être vaudrait-il mieux réserver à la société un droit de préemption en cas de vente.

M. Dupont. — Mais notre Société n'est pas propriétaire !

M. l'Abbé Lemire. — La chose a été prévue pour d'autres groupes. Elle n'est pas inutile, croyez-le bien, pour éviter certaines spéculations. On vendrait pour un cabaret.

M. Delorme. — En Algérie, l'Œuvre de Jardins ouvriers est une œuvre de colonisation. Il faudrait obtenir du nouveau gouverneur général de l'Algérie qu'il montrât pour nos Jardins ouvriers la même sympathie que son prédécesseur. La colonisation n'est intéressante qu'à la condition que la France fasse la conquête morale de la population de l'Islam. Les peuples algériens sont tous assimilables. Les Jardins ouvriers peuvent y contribuer beaucoup. La masse ouvrière au Nord de l'Afrique se compose d'indigènes mêlés à des Espagnols et à des Italiens généralement opprimés dans leur pays. Dans nos grands domaines les races restent séparées, les haines s'accroissent, la population est constamment flottante. Ne pourrait-on pas arriver à la fixer en créant des Jardins ouvriers aux frais de l'État ? Une partie de l'Algérie est surpeuplée. L'émigration est nécessaire, mais temporaire. La propriété kabyle est morcelée à l'extrême. Ne pourrait-on pas sur nos grands domaines attirer les Kabyles au lieu d'étrangers ? L'œuvre sociale se joint étroitement à la colonisation.

M. le Dr Lancry rappelle que Louis XIV et Colbert fixèrent ainsi les populations à Fort-Merdyck, sur le littoral de la mer du Nord. Ils donnèrent la terre en propriété collective avec jouissance familiale. Les dunes ont été gagnées par des ouvriers sur des terrains communaux qu'ils cultivent. Cette colonisation que l'on préconise pour l'Algérie, on sera obligé de l'appliquer aux Belges qui viennent en masse dans le Nord. C'est la conquête des gens par la terre. C'est une vieille tradition française et comme elle est bonne, il faut la reprendre. (*Applaudissements.*)

La séance est levée.

QUATRIÈME SÉANCE

La 4e séance est ouverte à 4 h. 1/2 sous la présidence de M. Souchon, professeur à la Faculté de Droit.

Prennent place au bureau :

M. Souchon, professeur à la Faculté de Droit; M. l'abbé Lemire; M. Mesureur, directeur de l'Assistance publique; M. Garat, député, maire de Bayonne; Mme Mesneau, de Bourges; M. Huguier-Truelle, de Troyes; M. Droulers, de Roubaix; M. Marque, d'Ivry; M. Delpérier, rapporteur.

M. l'abbé Lemire rend hommage à la Faculté de Droit et à ceux de ses membres qui ont toujours été sympathiques à l'œuvre des Jardins ouvriers.

Il rappelle le souvenir de M. Saleilles à qui l'on doit la déclaration d'utilité publique de la Ligue du Coin de Terre et du Foyer qu'il dota ; en la dotant, il créa le cadre où les Jardins ouvriers se rangent et deviennent eux-mêmes d'utilité publique.

M. Souchon, par ses savants travaux sur la propriété et l'organisation de la terre pour le service de l'homme, continue la tradition scientifique qui nous est favorable.

M. Souchon remercie et donne aussitôt la parole à M. Delpérier pour la lecture de son rapport sur les fêtes de Jardins ouvriers.

Rapport sur les fêtes de Jardins ouvriers

C'est pour l'homme une véritable nécessité de se recueillir parfois, d'examiner l'ouvrage accompli, de le critiquer, et de faire de cette critique même la base de son action future ; c'est également une nécessité, pour tous les groupements humains, sociétés industrielles ou commerciales, assemblées politiques ou corporations, œuvres philanthropiques, de tenir chaque année une séance solennelle qui porte des noms divers : assemblée générale, ouverture de session, séance de rentrée, etc.

Cette assemblée, quelle que soit sa dénomination, a pour but tout d'abord de grouper au moins une fois l'an les membres de la société, de leur faire sentir leur cohésion, la communauté de leurs intérêts, en un mot de leur donner l'esprit de la société ou de la corporation. Dans ces assemblées, on examine les résultats obtenus durant l'année qui vient de s'écouler, on rappelle les événements heureux ou tristes qui ont pu affecter la vie du groupement, on tâche de prévoir ceux qui pourront se présenter dans l'avenir ; on remercie les bienfaiteurs de la société, on fait aussi l'éloge de ceux qui furent enlevés à l'affection de leurs amis.

Ces réunions ont donc un double but : tout d'abord celui d'assurer l'avenir matériel de la société, mais aussi celui d'assurer son avenir moral, de lui conserver ses traditions, de lui conquérir des sympathies, en un mot de la faire vivre pleinement.

Le rapport que j'ai l'honneur de présenter aujourd'hui au Congrès a précisément pour but de montrer que les œuvres de Jardins ouvriers ne peuvent échapper à cette règle générale ; mais comme si d'une baguette magique, l'œuvre de Jardins savait rendre attrayantes les choses les plus austères, c'est sous la forme des fêtes les plus charmantes dont je vais vous donner un rapide aperçu, que les œuvres des Jardins ouvriers tiennent leurs assemblées générales.

§ 1. — Différentes espèces de fêtes

En parcourant les réponses au questionnaire adressé ces jours derniers à toutes les œuvres de Jardins ouvriers, j'ai été frappé de voir combien étaient peu répandues en province les fêtes de Jardins ouvriers ; les causes en sont diverses, mais je crois que la principale raison de cette abstention, c'est la crainte qu'ont les directeurs d'œuvres de ne pouvoir organiser une fête assez belle.

Une promenade dans les Jardins ouvriers de la région parisienne, berceau des fêtes de jardins, vous montrera combien variées sont ces fêtes, et comment des plus simples comme des plus savamment préparées se dégage un parfum de poésie, de cordialité, de paix sociale ; puisse cette constatation faire de tous les congressistes les apôtres non seulement des Jardins ouvriers, mais encore des fêtes de Jardins ouvriers !

Une fête de jardins est, peut-on dire, une pièce en trois actes : 1er acte : la préparation de la fête ; 2e acte : la réception des personnages, autorités, présidents de Comités, etc. ; 3e acte : la visite des jardins.

Chacun de ces actes est fort important, mais les fêtes se différencient les unes des autres selon l'importance donnée au second acte, la réception.

Une des fêtes les plus simples, sinon la plus simple, c'est celle des *Jardins d'Auteuil*. Un mois à l'avance, le directeur annonce la date de la fête ; aussitôt, souvent sans en rien dire à personne, chaque jardinier ou plutôt chaque famille de jardiniers se met à l'œuvre, en faisant apprendre aux enfants des compliments, des morceaux de poésie, voire même de petites saynètes ; tous font la toilette particulièrement soignée du jardin, ornent la tonnelle de guirlandes et de drapeaux. Aussi le jour de la fête, quand notre cher Président et les membres du Comité font leur entrée dans les jardins, les palissades, les tonnelles ornées de drapeaux, donnent un véritable air de fête au quartier.

La réception est fort simple : les visiteurs de marque prennent place sur une estrade. Dans une petite allocution le directeur du groupement rappelle les événements importants de l'année, remercie les bienfaiteurs et amis de l'œuvre, puis, souvent à la grande surprise du directeur lui-même, des enfants viennent chanter des chansonnettes, réciter des compliments : certains, peu hardis, les balbutient à peine, mais la bonhomie et la si aimable indulgence de M. l'abbé Lemire aide ces petits jardiniers à remporter une victoire peut-être décisive sur leur timidité. Une vibrante allocution de notre Président termine cette première partie de la fête.

Puis commence la visite des Jardins : chaque famille se groupe dans son jardin. M. l'abbé Lemire, qui sait reconnaître dans les jardiniers bien souvent des compatriotes, toujours des amis, dit un mot affable à chacun, félicite les uns, encourage les autres, tandis que des dames amies de l'Œuvre glissent des sucres d'orge dans les petites mains qui se tendent vers elles.

Depuis deux ou trois ans, une distribution de jouets et vêtements termine la fête.

Une semblable fête demande-t-elle au directeur un temps considérable ? La préparation en est-elle compliquée et les frais bien élevés ?... Et pourtant quels importants résultats pour l'Œuvre sont obtenus par de si minimes efforts !

Vous pourrez en juger dans un instant : auparavant, je veux vous donner un aperçu de quelques autres fêtes de la région parisienne et de la province.

Des fêtes aussi familiales et aussi simples que celle

d'Auteuil ont lieu chaque année au *groupe Jeanne d'Arc ;* à *Saint-Denis*, au groupe des *Jardins Meissonnier*, dirigé par M. Albert Touchard ; à *Saint-Ouen ;* au *XIXe arrondissement*, groupe d'*Alsace-Lorraine ;* à *Pantin*, *Issy-les-Moulineaux*, *Maisons-Alfort*, etc...

Grâce à l'automobile aimablement prêtée par un membre du Comité, M l'abbé Lemire, accompagné de quelques membres du Comité, peut, en deux démarches, faire une véritable randonnée autour de Paris, prendre part à toutes ces fêtes, connaître tous les jardiniers, leur prodiguer de bons conseils, stimuler le zèle de chacun ; en un mot, répandre autour de la capitale des semences de bonheur et de paix sociale.

Mais il est des fêtes plus importantes dont je voudrais maintenant dire quelques mots. Le type de ces fêtes, c'est bien, je crois, la splendide fête *des Jardins d'Ivry* qu'organisent avec tant de dévouement et, je peux dire aussi, de compétence M. et Mme Marque. Le cadre de la fête est à lui seul très beau : les nombreux jardins étalés le long du fort d'Ivry sont émaillés de fleurs, de drapeaux, de guirlandes dont l'ensemble, d'un effet charmant, fut digne de tenter le cinématographe Gaumont.

Mais quelles scènes délicieuses se sont déroulées dans ce beau cadre ! En bas, les mamans présentent les bébés venus au monde pendant l'année ; elles les présentent à M. l'abbé Lemire et à M. Mesureur, directeur de l'Assistance publique qui avait bien voulu honorer ses locataires d'une visite. Puis, entre une double haie de fillettes tenant des fleurs et des guirlandes, le Comité se dirige vers le théâtre de verdure. Une centaine d'enfants forment sous l'habile et patiente direction de Mme Marque un chœur charmant que n'effraient aucunement les chœurs de Faust. Puis des petits jardiniers costumés en « Jardiniers de la Reine » interprètent à merveille la pièce de Leroy-Villars qui se termine par un très joli ballet.

Quelques artistes : M. Dutertre, de l'Odéon, Jacotot. Meyer et l'harmonie d'Ivry avaient, en outre, gracieusement prêté leur concours.

Après les allocutions de M. Marque, de M. l'abbé Lemire et de M. Mesureur, la visite des jardins termina cette jolie fête qui avait attiré toute une partie de la population d'Ivry dont, grâce à la fête, la sympathie est conquise à l'Œuvre des Jardins.

Une fête aussi importante est, je crois, unique, du moins dans la région parisienne. Néanmoins, d'autres fêtes comportant des chœurs, scènes et le concours d'artistes ou fanfares ont lieu au *XIIIe arrondissement*, à *Vitry*, *Sceaux*, *Choisy-le-Roi*, *Versailles*, fêtes sur lesquelles je ne peux m'étendre ici, mais qui toutes sont fort belles et obtiennent le plus vif succès.

Mais si les fêtes sont organisées d'une façon générale dans la région parisienne, il en existe également de fort belles en province.

A *Cambrai*, la Société des Jardins ouvriers fête chaque année saint Fiacre, patron des jardiniers.

Une messe est célébrée pour les membres défunts de l'œuvre : puis un banquet réunit tous les jardiniers et amis des Jardins ouvriers.

A *Croix* (Nord), une séance musicale a été donnée, avec conférence de M. Pamart, professeur d'agriculture : des prix consistant en étoffes et vêtements sont donnés aux femmes assidues au cours d'enseignement ménager.

A *Roubaix*, la Société des Jardins ouvriers organise une fête de l'arbre de Noël.

A *Troyes*, une visite solennelle des jardins a été faite cette année par le préfet : des prix ont été distribués aux titulaires des jardins les mieux tenus.

Ces prix consistaient en objets de jardinage.

A *Séclin* (Nord), une fête, dont un fort beau discours de M. Rivière rehaussa l'éclat l'an dernier, se compose d'une visite des jardins et d'une kermesse flamande.

A *Brest*, dans le courant de l'hiver, deux soirées musicales et dramatiques sont données au profit des jardins: au mois de juillet un « pardon » a lieu dans les jardins: le matin, tous les membres de l'œuvre assistent à une messe en l'église Saint-Louis ; l'après-midi, il y a visite des jardins, courses, jeux divers, distributions de gâteaux et rafraichissements.

A *Blois*, la fête coïncide avec la distribution des prix d'un concours de jardins, dont le jury est composé de membres des sociétés d'horticulture de la ville. Une fanfare et une chorale donnent un concert dont les morceaux alternent avec des épreuves athlétiques ayant pour but de disputer le challenge offert par la Société blésoise des Jardins ouvriers. Un défilé triomphal en ville, à la suite de la société victorieuse, termine la fête.

A *Tours*, la Société des Jardins ouvriers fait célébrer chaque année une messe solennelle à la Basilique Saint-Martin ; l'après-midi une séance récréative réunit les amis et bienfaiteurs de l'œuvre.

A *Limoges*, la fête est organisée à l'occasion de la distribution des récompenses.

A *Moulins*, *Reims*, *Niort*, les fêtes de jardins sont données en l'honneur de la Saint-Fiacre.

A *Lyon*, la fête des Jardins ouvriers est particulièrement importante: les différentes sections se groupent pour organiser cette fête qui dure toute une journée. En voici le programme: dès 8 heures du matin, concours de boules, de tir et de pointage, tir à la carabine. L'après-midi, concert avec le concours d'une fanfare et des principaux artistes des concerts de Lyon ; au milieu du concert, M. Bonnaure, l'apôtre des jardins ouvriers lyonnais, enthousiasme son auditoire pour l'œuvre des jardins. Le soir, après un grand banquet de 680 couverts, une sauterie familiale et des illuminations terminent cette journée vraiment bien remplie.

Des fêtes ou visites solennelles de jardins ont également lieu à *Gravelines*, *Rethel*, *Pithiviers*, *Bordeaux*, *Doullens*, *Avesnes*. A *Marseille*, outre une visite solennelle des jardins, il y a un concours de tenue de jardins et de rapport en légumes.

Telle est une vue d'ensemble des fêtes de jardins ouvriers, fêtes qui sont, comme vous le voyez, en honneur tant à Paris que dans le reste de la France.

§ 2. — Importance capitale des fêtes dans l'Œuvre des Jardins ouvriers

Néanmoins, trop nombreuses sont encore les œuvres qui n'osent pas organiser de fêtes dans les jardins ou qui n'en comprennent pas l'utilité. Et pourtant, la fête annuelle est d'une importance capitale pour l'œuvre de jardins : elle lui permet de n'être pas seulement une entreprise de culture maraîchère, mais d'atteindre un but plus élevé, d'exercer une véritable action sociale, une influence profondément moralisatrice à l'intérieur même de l'œuvre, et de créer autour de celle-ci une atmosphère de sympathie, d'amitié, sans laquelle elle ne pourrait vivre.

Mais je tiens à déclarer de suite que pour atteindre ce but, il est une méthode indispensable, il faut donner aux jardiniers la plus grande part possible dans l'organisation de la fête.

La préparation même de la fête peut à elle seule exercer une grande influence sur les jardiniers : elle les force tout d'abord à se rapprocher, à entrer en contact les uns avec les autres ; à s'entendre pour faire converger leurs efforts vers un but commun ; sans la fête, les cœurs des jardiniers seraient séparés par l'égoïsme comme leurs jardins le sont par des clôtures ; et si M. Marque pouvait dire récemment que l'égoïsme était une mauvaise herbe inconnue dans les jardins, c'est, soyez-en convaincus, grâce aux fêtes d'hiver et d'été que l'on sait si bien organiser aux jardins d'Ivry.

Mais ce rapprochement, cette entente n'existent pas seulement entre les jardiniers : la préparation de la fête rend plus intimes et plus cordiaux les rapports entre directeurs de l'œuvre de Jardiniers ; d'une façon générale les directeurs dirigent, en effet, la préparation de la fête, ou tout au moins donnent l'impulsion nécessaire : ils doivent donc rendre des visites plus fréquentes aux jardiniers, stimuler leur zèle, les inciter à soigner tout particulièrement leur jardin afin qu'il soit irréprochable le jour de la fête.

Car si les revues sont indispensables à la caserne, elles ne le sont pas moins dans nos œuvres. Nos fêtes de jardins, ce sont des revues dont la nécessité ne peut être contestée.

« La fête d'été est une date importante, nous écrit M. Marque ; pour ce jour-là, toutes les améliorations projetées doivent être accomplies, les réparations aux tonnelles doivent être faites, les clôtures mises en bon état, les allées nettoyées. Tout cela serait probablement difficile à obtenir sans la fête. Un grand nombre de travaux d'intérêt général ont pu être poussés activement, parce qu'il fallait être prêt pour le jour de la fête. On sait que la fête sera suivie d'une visite solennelle et l'on tient, en général, à produire une bonne impression. »

Mais la préparation de la fête ne contribue pas seulement à resserrer les liens d'amitié entre les jardiniers, et entre ceux-ci et les directeurs de l'œuvre, elle exerce une profonde influence au sein même de la famille ouvrière.

Quittons, en effet, un instant le jardin pour suivre le jardinier dans sa demeure. C'est quelques jours avant la fête ; le soir après le souper, toute la famille est groupée autour de la table. Assise sur les genoux de son papa, une petite fille aux boucles blondes balbutie un compliment dont le texte fut peut-être trouvé dans un de ces vieux petits recueils toujours si chers aux ouvriers ; les grands frères et les grandes sœurs, tout en suivant la récitation du « compliment à l'abbé Lemire » comme on l'appelle, découpent et collent des guirlandes pour la décoration de la tonnelle, tandis que la maman prépare les robes blanches des fillettes. « Ainsi, pendant plusieurs jours, toutes les familles de jardiniers sont absorbées par la préparation de la fête. Grâce à la fête des jardins, l'ouvrier a trouvé un nouveau charme dans les soirées familiales ; grâce à elle, la famille ouvrière s'est unie pour travailler à une œuvre sinon absolument désintéressée, du moins à une œuvre qui ne lui rapportera pas un avantage matériel.

La fête des jardins développe en effet les qualités morales des jardiniers, elle stimule leur amour-propre, leur honneur professionnel : « On oublie trop, écrivait M. l'abbé Lemire dans notre revue, que la fierté, que l'honneur professionnel, que la dignité personnelle, sont des sentiments profondément ancrés dans leur âme, qu'ils sont plus payés de leurs efforts industrieux et de leur persévérante culture par un mot d'éloge qu'ils sentent être juste que par tout le profit qui leur revient[1]. »

Mais si la fête développe les qualités individuelles des jardiniers, elle contribue en outre à leur donner le senti-

1. *Revue du Coin de terre*, mai-juin 1911.

ment de la collectivité, du groupement auquel ils appartiennent, à leur donner l'esprit de corps. Quand, le jour de la fête, le directeur de l'Œuvre rappelle les événements heureux ou tristes de l'année qui s'est écoulée, ou qu'unis par la prière, tous les membres de l'Œuvre assistent à une messe célébrée pour leurs camarades défunts, l'Œuvre des Jardins ouvriers ne paraît-elle pas une véritable famille dont tous les membres sont unis dans la joie comme dans la douleur ?

Mais, Messieurs, si la fête exerce une action profonde sur la vie intérieure du groupement, là ne se borne pas sa bienfaisante influence. Grâce à la fête annuelle, l'Œuvre des Jardins conquiert les sympathies, les concours les plus inespérés. Parfois les directeurs de groupes sont embarrassés pour trouver des drapeaux, du matériel nécessaire à la fête : ils ne pensent pas que jamais si belle occasion ne s'est offerte pour aller frapper — à la porte du presbytère, où sûrement les drapeaux de la Fête-Dieu ne leur seront pas refusés, — à la porte de la mairie où leur seront prêtés des chaises et bancs, peut-être une salle pour y planter un arbre de Noël ! Les Sociétés locales, les fanfares peuvent également apporter un très précieux concours. C'est ainsi, Mesdames et Messieurs, qu'au seuil des jardins ouvriers, toutes les discussions, les luttes mesquines sont oubliées et que bien souvent sur les murs de nos jardins flottent côte à côte les drapeaux du curé et ceux de la mairie radicale-socialiste, drapeaux qui ne sont plus que l'emblème des nobles vertus dont nos œuvres veulent orner les âmes des ouvriers de France.

C'est aussi sans aucune distinction, et fort nombreux, que les curieux dont la presse se fait aussi l'écho, assistent à nos fêtes ; combien d'amis et de bienfaiteurs de nos Œuvres dont l'attention ne fut attirée que par quelques drapeaux flottants sur des tonnelles voisines de leurs maisons ou par quelque article de journal ; à Paris comme en province, en effet, les journaux de toutes couleurs, les Semaines religieuses parlent de nos fêtes.

Enfin des cartes postales, des souvenirs divers des fêtes peuvent être répandus dans le public.

En résumé, la fête des jardins c'est bien, comme je le disais, au début de ce rapport, l'assemblée générale de notre Œuvre ; elle fortifie l'Œuvre des jardins à l'intérieur ; par son caractère familial, elle développe les liens d'amitié entre les jardiniers et les directeurs de l'Œuvre ; elle propage le rayonnement de l'Œuvre à l'extérieur et en fait véritablement une œuvre sociale !

Puisse ce bien imparfait exposé avoir fait comprendre la nécessité des fêtes de jardins et contribuer à leur multiplication ! (*Applaudissements unanimes.*)

DISCUSSION

M. Souchon félicite le rapporteur. Il avait supposé à première vue que cette question des fêtes serait secondaire. Après avoir entendu le rapport si délicieusement pensé et exprimé de M. Delpérier, il comprend l'importance des fêtes dans les jardins pour resserrer les liens entre l'administration et les groupes, et stimuler le zèle, la bonne entente des jardiniers entre eux.

M. Mesureur, directeur de l'Assistance publique, dit combien il est heureux de collaborer à l'Œuvre des Jardins ouvriers qui lui est particulièrement sympathique, et de dire d'elle tout le bien qu'il en pense. Il rappelle le souvenir d'une fête au quai Jemmapes dans un groupe disparu depuis, et parle avec enthousiasme de la fête brillante donnée dans les jardins d'Ivry en septembre dernier. Il a été surpris et charmé de constater la transformation opérée sur des terrains à l'aspect rocailleux et inculte, qui sont devenus de riants jardins maraîchers comme si l'on avait trouvé moyen d'exécuter de fines broderies sur des étoffes grossières.

Il espère que les terrains de l'Assistance publique nous seront conservés très longtemps, surtout ceux d'Ivry qui avoisinent l'hospice des vieillards : ces bons vieux hospitalisés s'intéressent à ce qui se passe autour d'eux et cette vaste étendue de jardins leur fait un horizon gai et riant et particulièrement hygiénique. M. Mesureur promet un terrain à Arcueil-Cachan et s'engage à céder aux meilleures conditions tous les terrains qui se trouveront disponibles. L'œuvre admirable des Jardins ouvriers a l'approbation universelle, et M. le directeur de l'Assistance publique déclare que son administration, à l'aspect un peu rébarbatif, se fait un honneur de coopérer à une œuvre qui met un rayon de soleil et beaucoup de santé physique et morale dans la vie des pauvres gens. *(Applaudissements.)*

M. Pou, de Blois. — Notre Société fondée en 1904 comprend aujourd'hui 200 jardins.

Nous nous sommes fondus avec la Société du Bien de Famille. Tous les ans nous donnons une fête d'été avec concours de gymnastique et distribution de prix. Les jardins sont très bien décorés. La fête d'hiver a lieu à la mairie. Nous ne faisons dans nos œuvres aucune distinction politique.

M. l'abbé Lemire félicite le groupe de Blois et ses directeurs.

M. Bonnaure, de Lyon. — Il y a à Lyon deux sortes de réjouissances : aux concours de jardinage et aux grandes fêtes. Pour organiser ces dernières, les jardiniers se chargent de placer des billets à 0 fr. 25 et l'on organise ainsi de grands banquets qui, le plus souvent, ont lieu en plein air, parce qu'il n'y a pas de local suffisamment vaste pour contenir la foule.

Cet été on a réuni plus de 700 hommes au banquet.

M. Cirot. — A Gravelines, on organise un concours de légumes qui attire toute la ville sur l'emplacement des jardins ; une symphonie locale installée sous une tente charme les oreilles de la foule accourue ; en outre, des conférences rehaussent l'éclat de la fête.

M. Bacquet. — A Boulogne, il n'y a pas encore de fêtes de Jardins. On entoure la distribution des récompenses d'une certaine solennité. Mais on projette d'organiser dorénavant de vraies fêtes.

M. Marque. — J'ai craint un moment que, dans les groupes d'Ivry, les jardiniers ne devinssent trop individualistes. Je les ai invités à procéder de concert à des travaux d'entretien général sur des parties du terrain particulièrement mauvaises. Tous ceux qui pratiquaient le « chacun pour soi » sont partis et il y a désormais parmi nos jardiniers, au lieu de l'égoïsme, un sentiment d'entr'aide.

Les fêtes stimulent et accentuent le caractère social de nos groupements. Elles provoquent l'émulation pour mener à bien les travaux utiles; elles intéressent toute la famille, petits et grands. Pour la fête d'hiver, on nous a prêté la salle de la mairie. C'est en organisant ces fêtes que l'on constate combien les gens du peuple ont le sens inné des belles choses et combien facilement on développe chez eux la fibre artistique. Nous avons fait éditer des cartes postales qui prolongent le souvenir de nos fêtes. On avait parlé d'elles longtemps d'avance, on en parla encore longtemps après.

Ce sont à la fois des artistes et des gens du monde qui nous prêtent leur concours, et nous établissons ainsi une nouvelle collaboration des différentes classes sociales. La vente d'une petite fleur nous a permis d'organiser une caisse de secours pour nos jardiniers.

M. Souchon. — N'y aurait-il pas lieu d'organiser une fête centrale de tous les groupes de Paris par exemple ?

M. l'abbé Lemire. — La question peut en effet se poser pour des villes importantes comme Lyon, Lille, Roubaix ; à Paris, l'exécution en serait peut-être moins aisée.

M. Bonnaure. — A Lyon, il y a de nombreux groupes que nous réunissons ainsi en une fête centrale comme je le disais tout à l'heure, nous distribuons des billets d'entrée d'un prix très minime ; cette année, ces billets ont produit 2.200 francs, grâce auxquels nous avons pu distribuer des terrains gratuitement.

M. l'abbé Lemire. — On pourrait en effet tenter ailleurs ce qui se fait à Lyon. Nous pouvons ainsi formuler les trois vœux suivants :

1° Une fête dans chaque groupe ;

2° Une fête centrale dans les villes à groupes nombreux ;

3° A Paris, une fête centrale pour toutes les œuvres de Paris et banlieue.

M. Bonnaure. — Nos ouvriers nous ont offert par souscription un drapeau tricolore et nous pouvons en réunissant tous les groupes, chacun avec un fanion différent, faire un beau cortège.

Après une discussion sur le local à choisir pour une fête centrale à Paris (la salle d'horticulture, les Tuileries, etc.), M. Souchon met aux voix les trois vœux de M. l'abbé Lemire qui sont adoptés.

On émet aussi le désir d'avoir des fanions pour chaque groupe et d'organiser des ventes de petites fleurs comme à Ivry.

Mme Delloue, de Croix, dit quel intérêt il y aurait à faire visiter les jardins d'une ville par les jardiniers d'une ville voisine ; elle a mené ses jardiniers à Lille et les Lillois ont rendu la visite ; çà été l'occasion de part et d'autre de charmantes réceptions.

Dans le XIIIe arrondissement à Paris, on se visite également de groupe à groupe.

M. Garat, député des Basses-Pyrénées et maire de Bayonne. — Je n'avais pas l'intention de parler à votre Congrès. Mais je vois les résultats auxquels vous êtes arrivés et j'en suis enchanté. Je désire vous signaler une simple tentative faite dans un pays bien lointain... Bayonne. L'écho de vos œuvres sociales n'y arrive guère.

Bayonne est une vieille ville de 30.000 habitants, aux maisons élevées, aux rues étroites, trop resserrée, entre ses vieilles murailles. Les familles y sont nombreuses et les pauvres sont logés, à cause de l'exiguité des terrains disponibles, dans l'intérieur de l'enceinte. C'est une situation vraiment exceptionnelle en France surtout eu égard à la densité de la population. Nous avons voulu organiser le Bien de Famille par l'initiative de la municipalité. Au bord de la mer et tout proche la ville se trouve une vaste forêt de pins, dont une partie est communale.

Nous taillons dans ce bien communal qui a bien 60 hectares.

A chaque famille qui nous en fait la demande pour construire, nous cédons un lot de ce terrain pour la moitié de sa valeur, à condition :

1° Que la maison soit élevée dans les deux ans ;

2° Que le lot ne puisse être aliéné qu'avec charge de rembourser sa valeur totale ;

3° Que l'on n'installe dans les constructions ni cabarets, ni maisons de jeux, ni garnis meublés.

Ce bien donc appartient à la famille et nous avons tenu à lui imposer quelques obligations de moralité et d'hygiène. Moyennant cela, l'ouvrier pourra vivre dans de bonnes conditions, constituer un abri pour les siens, et lutter contre la mortalité infantile, effrayante dans notre pays.

Mais notre œuvre n'en est qu'à ses débuts. Nous avons tenté quelque chose, là où l'initiative privée n'osait rien entreprendre. Et bien que je ne partage pas les opinions religieuses de M. l'abbé Lemire, je le respecte et je l'admire pour le bien qu'il fait aux humbles, je suis heureux de me rencontrer avec lui sur cette estrade.

Mon cher collègue, permettez-moi de vous appeler le parrain de notre Œuvre, et de vous demander de venir la visiter.

Elle est due à votre large geste d'évangélique semeur. *(Applaudissements.)*

M. l'Abbé Lemire. — Mais non, mon cher collègue, nous ne sommes pas tellement loin l'un de l'autre. Si mon évangile me dit d'avoir pitié des foules, d'aller aux pauvres, à l'imitation de Celui qui pour moi est un Dieu, précisément parce qu'il a tant aimé les hommes, quand je me rencontre avec vous dans les mêmes sentiments, je sais que vous et moi par des chemins différents nous arrivons aux racines mêmes de toute société : nous avons le même souci de la dignité de la personne humaine. Nous sommes de la même famille : oui, je viendrai à Bayonne quand vous voudrez. *(Applaudissements.)*

M. Souchon. — Nous avons beaucoup à apprendre chez les Basques et d'abord leurs idées sur la famille.

L'œuvre dont parle M. Garat est admirable. Il faut chercher

à l'étendre partout. Elle avait déjà été tentée sous l'ancien régime, sous le nom de *portions ménagères* avec cette différence que votre œuvre du Bien de famille donne la pleine propriété, non la concession précaire.

Le système de la précarité a cet avantage que, si la famille s'éteint sans enfants, la ville reprend le terrain. De plus, l'aliénation totale a peut-être quelques inconvénients en droit administratif.

En général, les villes n'ont pas, comme à Bayonne, des communaux plus ou moins vastes. Mais le programme des Jardins ouvriers n'est pas forcément urbain. Si M. Besnard était là, il insisterait sur la nécessité d'étendre les Jardins ouvriers aux agglomérations agricoles. Ce serait un des meilleurs moyens d'enrayer l'exode vers les villes. Dans certaines régions, la terre est cultivée d'une façon industrielle, et les particuliers n'en veulent pas distraire une parcelle. Mais la plupart des communaux sont en général mal cultivés et feraient de bons Jardins ouvriers. Votre œuvre est appelée à un grand développement même et surtout dans les campagnes.

M. Curé. — Ce qui manque chez les paysans, c'est l'instruction horticole.

M. le Dr Lancry. — Dans la commune de Beuvraignes, en Picardie, il y a 1.100 habitants ; chaque famille a 1 Ha. 8 ares de propriété communale. A la mort des deux époux, le bien est repris, s'il ne reste pas d'enfants. Beuvraignes est une des rares communes de l'arrondissement de Mondidier où la population n'a jamais diminué.

M. l'Abbé Lemire félicite M. Garat de son initiative, remercie Mme Séverine d'avoir assisté à la séance, et lui demande d'écrire un article pour les jardins.

Mme Séverine émet le vœu que le Congrès national ait lieu tantôt dans une ville et tantôt dans une autre, de manière à provoquer l'émulation dans toute la France.

M. l'Abbé Lemire. — Nous avons des Congrès nationaux tous les trois ans : il est impossible de les faire ailleurs qu'à Paris.

Mais nous acceptons d'assister à tous les Congrès régionaux qu'on organisera çà et là.

On émet ensuite une série de vœux dont un de M. Curé,

pour le développement des institutions ménagères, un autre de M. Delorme pour que des terrains agricoles soient mis à la disposition des ouvriers en Algérie.

M. l'abbé Lemire termine en disant qu'il faut surtout et avant tout développer les œuvres de jardins, parce qu'elles favorisent la famille beaucoup plus que l'épargne et la petite propriété. Le devoir primordial est de stimuler par tous les moyens possibles le développement et le bien-être des vies humaines; il faut à la France beaucoup d'enfants et des enfants sains. Mettre à la disposition des ouvriers des lopins de terre sans les charges, et les préoccupations de la propriété toujours plus ou moins égoïste, est le plus puissant stimulant des familles nombreuses ; M. Lemire a mis autrefois au premier plan de sa préoccupation la petite propriété ; il en est revenu un peu, à cause de certaines étroitesses qu'il a constatées dans les tenanciers de ces propriétés plus préoccupés de la payer que d'étendre leur famille. Il met aujourd'hui au premier plan la jouissance de la terre pour tout le monde.

M. Sorchon. — Vous semblez, mon cher abbé, rendre les économistes responsables de tous les torts de la petite propriété, il me faut prendre leur défense. La cause de la diminution de la natalité est ailleurs. Plus une société s'élève vers la richesse, plus les enfants diminuent ; mais l'on ne peut pas combattre ce fléau en supprimant la propriété ; il faut lutter avec des éléments moraux et religieux. Si la propriété engendre des maux, il ne faut pas oublier que l'absence de propriété en engendrerait de bien plus graves ou tout au moins la balance serait-elle égale.

M. Lemire déclare qu'il n'a jamais été adversaire de la propriété, bien au contraire! Elle est le seul moyen de conserver les belles et grandes choses de notre patrimoine national. Mais souvent les œuvres créées pour favoriser la petite propriété ont manqué leur but ; la population ouvrière, en effet, a une extrême mobilité s'il faut en juger par celle du Nord. La propriété y est souvent restreinte à une catégorie de petits rentiers qui ne sont pas des plus intéressants, et d'autre part les ouvriers qui se déplacent ne savent que faire de leur maison ; ils ne peuvent s'en débarrasser qu'avec pertes.

M. Souchon cite l'exemple des Anglais qui ont reconnu par leur loi de 1907 qu'il vaut mieux faire de petits fermiers.

M. le Dr Lancry déclare que la solution serait peut-être dans un mode de propriété intermédiaire, à la fois collective et individuelle, et qu'il faudrait arriver à condenser en des formules nettes et précises.

M. Souchon termine en disant qu'on ne peut formuler de semblables définitions aussi rapidement et sans y avoir beaucoup réfléchi.

Le séance est levée.

DIMANCHE MATIN

—

VISITE DE L'EXPOSITION

DES JARDINS OUVRIERS

AU CONCOURS DE LA SOCIÉTÉ NATIONALE D'HORTICULTURE

Dès 9 heures du matin les ouvriers des sections qui ont exposé leurs produits et de nombreux congressistes stationnent à l'entrée principale de la vaste enceinte au Cours-la-Reine.

M. Curé, directeur des Jardins ouvriers de Sceaux, les attend pour leur faire des observations techniques.

Les produits des Jardins ouvriers sont étalés, chaque section à part, le long des berges de la Seine. C'est un petit coin distinct et un peu en dehors du vaste hall où sont les fleurs superbes et les fruits les plus beaux des amateurs distingués.

Néanmoins, le vendredi matin, jour de l'ouverture de l'exposition, M. Fallières, Président de la République, sur l'invitation de l'abbé Lemire, a bien voulu changer l'itinéraire officiel, et passer devant la section des Jardins ouvriers dont il a admiré l'humble ordonnance. Le jury, à son tour, leur a donné toute son attention et ses encouragements, en accordant plusieurs belles récompenses.

Donc, le dimanche matin, ces jardins, qui ont déjà été à l'honneur, le sont de nouveau.

La section comprend treize expositions distinctes :

Deux sont du dehors et de loin. Elles ne sont ni les moins belles, ni les moins importantes : *Sedan* et *Boulogne-sur-Mer.*

Une est magnifique et par sa variété et sa richesse : celle de *Sceaux*, et elle réunit à elle seule trois sections secondaires :

Légumes et fruits; Plantes médicinales; Conservation des produits.

Celle de Versailles est non moins remarquée.

Enfin les sept autres sont celles des Jardins ouvriers de Paris et banlieue.

Dès que la foule est réunie devant l'exposition, M. CURÉ proclame la liste des récompenses obtenues par les œuvres de Jardins rattachées à la Ligue du Coin de Terre et du Foyer ou au Congrès.

Œuvre Marg. Renaudin. Sceaux. Directeur technique : M. Curé. Félicitations du jury.

Plantes médicinales de Sceaux. Grande médaille d'argent.

Conservation familiale des produits du jardin à Sceaux. Directrice : Mlle Maraval. Objet d'art.

J. O. de Sedan. Mme Pingard. Médaille d'or.

J. O. de Boulogne-sur-Mer. M. Bacquet. Grande médaille d'argent.

J. O. de Versailles. M. Philippe. Grande médaille de vermeil.

J. O. de Choisy-le-Roi et Thiais. M. Delisle. Médaille de vermeil.

J. O. du XIIIe arrondissement. M. Laurentie. Médaille de vermeil.

J. O. d'Auteuil. M. Delpérier. Grande médaille d'argent.

J. O. d'Ivry-Bicêtre (Groupe d'ouvriers). Mlle Vincent. Grande médaille d'argent.

J. O. de Maisons-Alfort. M. Duflot. Médaille d'argent.

J. O. de Courbevoie. M. Pouch. Médaille de bronze.

J. O. du XIIIe arrondissement. M. de Mieulle. Médaille de bronze.

En dehors des sociétés susdites, l'Association de Frazé (Eure-et-Loir) a obtenu une grande médaille d'argent.

D'unanimes applaudissements saluent les lauréats présents; la foule des visiteurs qui a fait cercle autour d'eux s'associe à cette manifestation.

Aussitôt après, M. Curé et les congressistes passent en revue chaque lot.

M. Curé fait sur chacun des remarques techniques; il signale ce qui a été observé par le jury, ce qui a été jugé bon, ce qui pourrait être meilleur.

Puis il fait une allocution d'ensemble. Il rappelle d'abord les origines de ce concours :

Le Congrès international des Jardins ouvriers de 1903 avait émis le vœu que les sociétés d'horticulture prêtassent leur concours efficace aux œuvres des Jardins ouvriers. La Société nationale d'Horticulture de France, pour donner une sanction à ce vœu, a créé à ses expositions d'automne un concours spécial entre Jardins ouvriers. Jusqu'à 1912, les exposants ont été peu nombreux, ils étaient jugés par le jury affecté à la section « légumes ». Devant le nombre plus important d'exposants qui se présentent cette année, la société a cru devoir désigner pour cette section un jury spécial, composé de sociologues et de philanthropes horticoles, attendu que le jugement ne doit pas porter seulement sur les produits exposés, mais aussi sur l'effort fait par les exposants au point de vue social.

M. Curé félicite les exposants.

L'Œuvre Marguerite Renaudin, à Sceaux, ayant obtenu un objet d'art en 1911, exposait hors concours ; le jury lui a adressé ses plus vives félicitations pour sa belle exposition de tous les produits des jardins auxquels étaient joints les productions de ses œuvres annexes : fruits de l'école d'arboriculture fruitière, plantes médicinales du jardin botanique, conserves de fruits et légumes de l'école ménagère, miel, cire, hydromel, etc., de son rucher collectif.

Mlle Maraval, directrice de l'école ménagère Marguerite Renaudin, dans un concours imprévu, exposait sous ce titre : *Utilisation des produits d'un jardin*, un important lot de conserves, confitures, etc., ne comprenant pas moins de 230 flacons de produits différents. Cette magnifique exposition lui a valu un objet d'art.

M. Curé rappelle ensuite la visite de M. le Président de la République. Mlle Maraval en a profité pour offrir au chef de l'État le premier rayon de miel du rucher collectif des œuvres de Jardins ouvriers de France. M. Fallières, avec sa coutumière affabilité, s'est montré très touché de cette démonstration.

Aujourd'hui Mlle Maraval continue la distribution de conserves et bonbons. Elle distribue force de ses produits à tout l'auditoire, dont quatre dames professeurs à Grignon qui se sont offertes gracieusement à prêter leur concours aux œuvres de Jardins ouvriers, pour mener à bien l'instruction féminine.

Les ouvriers présents goûtent beaucoup cette allocution du brave directeur de Sceaux.

Il la conclut pratiquement par un vœu que toute l'assistance adopte par acclamation :

Le Congrès émet le vœu que l'instruction ménagère donnée aux femmes et aux filles des ouvriers soit le complément de l'instruction horticole donnée aux ouvriers pour la bonne culture de leurs jardins.

Au moment de terminer la réunion, un ouvrier propose de donner tous les légumes exposés à l'Assistance publique, ou bien à une œuvre de visite des familles pauvres à domicile.

L'un des directeurs, M. Delisle, signale l'Œuvre des gardes-malades de Mlle Fruictier, 28, rue du Four, à Paris.

Il est entendu que toutes les sections lui abandonnent leurs légumes.

Puisse cette bonne œuvre profiter à la fois aux familles qui reçoivent et à celles qui donnent !

La culture à Sedan

Mme Pingard, de Sedan, qui a fait une exposition très remarquable, donne quelques détails en réponse aux questions posées par M. Lemire.

Un de ses ouvriers a fait le relevé des légumes récoltés dans son jardin. Nous le donnons ci-dessous :

Légumes récoltés par M. Demoulin

14 juin. — Dès le 14 juin, il commence à récolter des petits pois, des petites carottes, de la salade.

16 juin. — Le 16 commencent les pommes de terre et les poireaux.

A partir de cette date, le jardin fournit les provisions qu'on va chercher tous les deux jours.

11 juillet. — On rapporte des haricots verts et des cornichons.

Les petits pois, haricots verts, pommes de terre fournissent chaque fois deux ou trois doubles litres pour la famille (4 enfants, le père, la mère, soit 6 personnes).

15 août. — Haricots beurre ajoutés aux provisions et choux milan.

20 août. — Haricots écossés.

27 août. — Choux-fleurs.

Récolté 50 kilos pommes de terre hâtives.

5 septembre. — 1 litre haricots frais écossés.

9 septembre. — Choux-fleurs et choux pins.

Du 12 au 27 septembre, on alterne avec les légumes courants : navets, poireaux, carottes, salades, etc., des choux et haricots.

Octobre. — Les salsifis et les choux rouges.

Au 21 septembre, il reste encore sur la terre :

1 parc de salsifis, de 3 mètres sur 2.
60 choux milan.
80 choux rouges.
1.000 poireaux.
60 kilos de navets.
28 céleris raves.
Des radis gris.

A la cave :

100 kilos de magnomes.
350 kilos de pommes de terre rondes.
107 kilos de carottes.

Au grenier :

3 doubles décalitres d'oignons.
110 têtes d'ail.
5 kilos échalottes oignons.
80 bottes de haricots secs pouvant fournir de 25 à 30 litres écossés.

La séance doit être abrégée, parce que les ouvriers tiennent à visiter l'ensemble de l'exposition : ils s'arrêtent devant les maisons démontables qui les intéressent beaucoup, et aussi devant les instruments de jardinage.

On se retrouvera à la séance de clôture.

BANQUET

A midi et demi, un banquet très bien organisé par M. Louis Rivière, vice-président, d'accord avec le commandant Wachet, réunit un très grand nombre de congressistes à l'hôtel Voltaire près de l'Odéon. La cordialité la plus charmante régna entre les convives. Des toasts furent prononcés par M. Louis Rivière, vice-président, qui sut avec émotion et délicatesse dire à chacun le mot de merci qui convenait. M. Robert Georges-Picot, M. Dupont, du Havre, l'abbé Naudet, le Dr Lancry parlèrent ensuite pour exprimer les sentiments des congressistes heureux de ces belles journées.

Malheureusement, il fallut abréger les discours pour arriver à temps à la séance solennelle de clôture qui avait lieu à 3 heures.

SÉANCE SOLENNELLE DE CLOTURE

Ce fut une des plus belles qui aient jamais terminé un Congrès. A trois heures, la salle du Musée Social est comble. M. Deschanel, président de la Chambre des députés, fait son entrée, salué par les applaudissements de l'assistance, et prend place sur l'estrade. Autour de lui se rangent les membres du bureau, les notabilités du Congrès, Mme Changeux, M. Siegfried, député, président du Musée Social, M. Garat, député de Bayonne, etc... M. l'abbé Birot, vicaire général d'Albi, M. Imbart de la Tour, de l'Institut, etc.

Un bon nombre de prêtres sont répandus dans la salle, parmi lesquels M. Sicard, curé de Saint-Pierre-de-Chaillot, etc.

Beaucoup de dames, parmi lesquelles Mme Deschanel, Mme Georges-Picot. Mlle Philibert, Mme Saleilles, Mme Séverine remplissent la salle.

M. Lemire, à l'ouverture de la séance, fait d'abord quelques communications.

Ce sont des excuses et regrets.

M. Lardeur-Becquerel nous télégraphie de Saint-Omer :

Meilleurs vœux de succès pour Congrès ; regrets bien vifs de me trouver impossibilité y assister.

M. Aiguier télégraphie de Marseille :

Administrateurs des Jardins et familles ouvrières adressent

respectueux hommages président Lemire et congressistes, ils leur envoient des fleurs cultivées au groupe Saint-Julien.

D'autre part, M. Aiguier nous avait adressé le 7 novembre la lettre suivante :

Mon cher Président,

Ne pouvant me rendre au Congrès comme j'en avais l'intention, je vous envoie 200 cartes postales et quelques comptes rendus. Vous recevrez au Musée Social, vendredi vers 2 heures du soir, une *corbeille de fleurs* cultivées par nos jardiniers à l'intention de leurs bienfaiteurs.

M. Lemire. — Ces fleurs nous sont arrivées en très bon état. Vous les admirerez dans les corbeilles qui seront portées par les petites filles de nos Jardins. Mais ce qu'il y a de plus beau, c'est le sentiment délicat qui a inspiré de nous les offrir. (*Applaudissements.*)

M. Sartiaux, ingénieur en chef au Chemin de fer du Nord, nous écrit :

Cher Monsieur,

Vous avez bien voulu m'inviter à la séance du IVe Congrès des Jardins ouvriers. Je suis extrêmement sensible à votre gracieuse attention et, en vous exprimant mes plus vifs remerciements, je vous prie d'agréer, etc.

Monsieur Ribot, ancien président du Conseil :

Mon cher ancien Collègue,

Je n'ai pas pu, malgré le vif désir que j'en avais, assister aux séances du Congrès des Jardins ouvriers qui a eu un plein succès. J'en ai été empêché par les conversations que j'ai eues ces jours derniers au sujet de nos affaires extérieures. Veuillez m'excuser...

Monsieur Robert-David, député, Bordeaux. Télégramme

Absent de Paris, regrette bien ne pouvoir applaudir, à vos côtés, notre excellent président. Félicitations et affections.

Le futur Congrès international

M. Lemire. — Outre les télégrammes de Mme Fraenkel et de M. Bielefeldt, dont j'ai donné connaissance au début du Congrès, j'ai reçu deux lettres détaillées relatives au futur Congrès international des Jardins ouvriers. Conformément à une décision prise à Bruxelles en 1910, ce Congrès devait avoir lieu en 1913 et à Berlin. Mais M. Bielefeldt et Mme Fraenkel nous demandent de reporter le futur Congrès international en 1914, pour des raisons dont vous reconnaîtrez avec nous la délicatesse. Je donne connaissance de leurs lettres.

Lettre de M. Bielefeldt

Lubeck, le 3 novembre 1912.

Mon cher Abbé,

L'année 1913 n'est pas favorable pour faire notre Congrès international en Allemagne, vu les souvenirs qui se rapportent à l'année 1913. C'est pour ce motif que le comité allemand vous propose de bien vouloir remettre ce Congrès international à l'année 1914. Nous voulons à tout prix éviter de blesser les sentiments de nos amis de France, et comme, d'après informations prises, nous savons qu'on célébrera cette date commémorative tant à Berlin qu'en province, il vaudrait peut-être mieux ajourner ce Congrès. Je vous serais donc infiniment reconnaissant, mon cher abbé, si vous vouliez communiquer aux membres de votre Congrès les sentiments qui nous guident dans cette question si délicate. Je m'adresse à vous, sachant que vous êtes persuadé de la sincérité de nos sentiments, de sorte que je ne pourrai trouver de meilleur interprète.

Inutile de vous dire que nous suivons avec le plus grand

intérêt vos délibérations et que nous souhaitons à votre Congrès un plein succès.

Mme Bielefeldt se joint à moi pour vous envoyer à vous et à tous vos collaborateurs et amis de France nos plus cordiales salutations.

Votre dévoué

BIELEFELDT

LETTRE DE Mme FRAENKEL

Berlin, le 4 novembre 1912.

M. Bielefeldt s'est mis en relation avec Mme la baronne de Rheinbaben, et il a dû vous écrire au sujet du Congrès international projeté. Quand on l'avait fixé à 1913 (c'était je crois, à Bruxelles), nous ne savions pas que l'année 1913 serait, à Berlin et dans toute l'Allemagne, l'occasion de grandes fêtes patriotiques. Cela n'a été décidé qu'il y a quelques mois. A ces grandes solennités la Croix-Rouge prend part; nous serons tous très absorbés, ce qui fait qu'il ne nous resterait pas autant de temps que nous le voudrions pour être ensemble avec nos amis français. Toutes les autorités qui aident à notre belle œuvre des Jardins seront également très occupées par ces fêtes patriotiques allemandes.

Quand nous aurons le grand honneur de vous voir ici, vous, le président et les messieurs et dames qui vous secondent dans les Jardins ouvriers français, nous voulons que tout notre temps soit pour vous. Chaque moment qui nous priverait de vous serait une perte pour nous, notre comité et les autorités. Le souvenir de votre visite à Berlin est resté chez tous les participants un souvenir inoubliable. Inoubliable aussi votre discours au banquet du Kaiserhof que présidait le grand-maître des cérémonies Von dem Knesebeck, au nom de sa Majesté l'Impératrice. Ce grand et noble homme nous a été enlevé. Mais son esprit reste parmi nous. Et comme il a donné comme exemple M. l'abbé Lemire, fondateur des Jardins ouvriers de France, et M. Geheimrat Bielefeldt, fondateur des Jardins ouvriers allemands, nous voulons continuer à travailler dans le même sens, dans le même esprit, afin que notre œuvre devienne toujours plus prospère et apporte le bonheur et la santé dans beaucoup de familles.

Je suis certaine qu'avec votre délicatesse vous comprendrez ce qui nous fait agir.

Votre dévouée

Flora FRAENKEL

M. LEMIRE. — Je crois que ces explications sont approuvées par le Congrès national de Paris et je vous propose d'accepter que le prochain Congrès international des Jardins ouvriers n'ait lieu qu'en 1914, à Berlin. (*Assentiment unanime.*)

M. LEMIRE. — Dans une lettre reçue ce matin Mme Fraenkel ajoute :

TRÈS HONORÉ MONSIEUR L'ABBÉ,

En souvenir des jours des derniers congrès, je me permets, pour le bien de votre belle œuvre si intéressante et si importante, d'offrir la petite somme de 300 francs enfermée dans cette lettre. Mes pensées sont chez vous, et avec votre travail durant ces jours où tant de bonnes choses se font, et avec les très honorés membres de la Ligue.

* * *

De tels sentiments ne sont-ils pas la preuve que notre Ligue ne fait pas seulement pousser des fleurs dans les jardins ? qu'elle fait fleurir et s'épanouir les cœurs ?

Les vœux du Congrès

M. Lemire. — Je demande au Congrès de donner mandat au Bureau pour la rédaction finale de quelques-uns des vœux qui ont été déposés. Il distinguera entre ceux qui étaient du ressort du Congrès des Jardins ouvriers et qui ont été approuvés expressément par lui et ceux qui étaient intéressants, mais ne seront insérés dans le compte rendu que pour mémoire. (*Assentiment.*)

— Pendant que l'abbé Lemire a fait ces diverses communications, les derniers congressistes ont pris place dans la salle, et le public témoigne de son désir que la séance de clôture proprement dite commence. M. Lemire se lève et remercie spécialement M. Deschanel et les membres du clergé:

Mon cher Président,

Malgré des occupations nombreuses et des préoccupation graves, vous avez accepté d'être parmi nous. Je vous remercie. Depuis vingt ans que j'appartiens au Parlement, j'ai admiré en vous la préoccupation constante des questions sociales et des œuvres de solidarité.

Aux Jardins ouvriers qui se rattachent à ces questions et qui sont une de ces œuvres, vous apportez le précieux témoignage de votre sympathie et l'appui de votre éloquente parole. Nous en sommes tous profondément touchés. Mais nul n'en est plus ému que moi, mon cher Président, parce que je suis prêtre, et que je vois aujourd'hui se continuer la collaboration des hommes politiques et des membres du clergé pour une œuvre de bonté, de paix sociale, et de patriotisme. Les Jardins ouvriers ont été bénis jadis par les cardinaux de Paris, et de Lyon et par un grand nombre d'évêques. M. l'abbé Birot, vicaire général d'Albi, présent à cette séance, et beaucoup d'autres prêtres qui sont épars dans cette salle nous manifestent cette même sympathie dans des circonstances difficiles. *Le Correspondant* a publié un article dû à la plume d'un de nos amis, Albert Touchard, et qui est l'analyse la plus pénétrante des bienfaits sociaux des Jardins ouvriers. Mais à l'heure actuelle, un tel article est presque une exception dans les Revues catholiques. Les prêtres qui sont venus au Congrès, fidèles aux traditions françaises, ont obéi aux plus nobles sentiments. Ils savent qu'être debout près de l'abbé Lemire, c'est être debout pour la liberté.

Ils ont le sentiment du droit. Ils désirent aussi, malgré la séparation officielle de l'Église et de l'État, faire comprendre, faire sentir au peuple que rien ne les séparera de lui. Ils veulent, malgré la séparation, rester patriotes fidèles, Français dévoués, amis de leur temps et de leur pays. (*Applaudissements.*)

M. Deschanel. — La parole est à M. Robert Georges-Picot pour résumer les travaux du Congrès.

Discours de M. Robert Georges-Picot

Mesdames, Messieurs,

Nous avons vécu trois jours d'émotions communes. Nous étions heureux de retrouver en vous des amis. Nous souffrons de vous dire adieu pour trois ans.

Mais nous espérons que vous emporterez un double réconfort : celui que donne le succès de l'Œuvre, celui que donne la confiance en son fondateur. Vous avez pu vous assurer que, malgré toutes les calomnies, celui que nous suivons est toujours le même. Trop modeste, il a parlé de s'effacer désormais derrière un comité. On ne le lui permettra pas. Depuis dix-neuf ans, il est le chef aimé de tous. Il restera à la tête de l'Œuvre. Tous lui demeureront fidèles. Il n'y aura, il ne pourrait y avoir, puisqu'ici on le connaît bien, ni désaffection, ni défection.

M. Lemire. — Vous oubliez la débilité des soixante ans.

M. Robert Georges-Picot. — Nous les oublierons aujourd'hui, en espérant qu'au milieu de nous, vous resterez toujours jeune.

» Un congrès, c'est une sorte de revue. Et, de même que le petit conscrit, après avoir senti parfois cruellement le poids du jour, et cédé peut-être à quelque tentation de découragement, reprend soudain courage à la vue du drapeau, de même ceux qui se dévouent à l'Œuvre admirable des Jardins ouvriers, et qu'un peu de lassitude a pu faire douter de l'utilité sociale de leur effort, vont se remettre au travail avec une ardeur renouvelée par l'encourageante constatation des résultats acquis, du chemin parcouru, des progrès réalisés.

Le IVe Congrès des Jardins ouvriers a manifesté une fois de plus l'essor des œuvres terriennes et a mis en relief tout ce qu'on peut attendre d'elles pour fortifier la paix et l'entente sociale.

337 adhérents ont répondu à l'appel de la Ligue et de son président, M. l'abbé Lemire. Aux amis de la première heure, toujours fidèles, sont venus se joindre de nombreuses recrues. Aux côtés de M. l'abbé Birot, vicaire général d'Albi, de Mme Changeux, de Reims, de M. Bonnaure, fondateur de la grande œuvre lyonnaise, on pouvait voir le P. Volpette, de Saint-Étienne, le P. Laberthonnière, MM. Dupont et Guillard, du Havre, Droulers, de Roubaix, Boidin, de Séclin, Mme Pingard, de Sedan, et bien d'autres que je ne puis nommer.

* * *

La présidence de la première séance avait été acceptée par Mgr Fuzet, archevêque de Rouen. L'Œuvre veut, en effet, éviter toute équivoque : bien que dépourvue de tout caractère confessionnel, elle n'entend pas être neutre au sens étroit et blessant de ce mot. La neutralité implique l'ignorance voulue et n'est souvent qu'une forme de méfiance mal déguisée. Au contraire, l'Œuvre est résolue à marquer son respect de toutes les convictions religieuses. Fondée à Saint-Étienne par le P. Volpette, à Paris par M. l'abbé Lemire, elle n'entend pas renier ses origines, et, dans les heures de découragement, beaucoup d'entre nous regardent vers le Calvaire.

* * *

Dès la première réunion, la revue des Jardins ouvriers affirme le succès grandissant de l'œuvre : 281 groupements, 17.825 jardins couvrant 550 hectares ; 90.000 bénéficiaires, dont plus de 65.000 enfants. Ce n'est pas chez nous que l'on a à déplorer la diminution de la natalité.

De 6.000, au Congrès de 1903, le nombre de familles ouvrières dotées de la jouissance d'un coin de terre est donc passé par étapes rapides à 10.000 en 1906, à 15.000 en 1909 et s'élève aujourd'hui à près de 18.000.

Répondant à ceux qui traitaient M. l'abbé Lemire de chimérique, M. Ribot disait en 1906 : « La chimère d'hier, c'est l'espérance d'aujourd'hui, ce sera la réalité de demain. » Après six ans, la chimère semble en train de se réaliser.

Ne devons-nous pas être heureux et fiers de cette magnifique efflorescence ? Et que sont en face du résultat obtenu les sacrifices imposés ?

Je remercie la Presse, la Presse parisienne surtout, qui a été pour beaucoup dans notre succès, en faisant connaître nos congrès.

L'Œuvre entend rester pratique. L'ouvrier s'attache d'autant plus à son jardin que la terre répond mieux à ses efforts. Le jardin doit donc être avant tout bien cultivé, être d'un bon profit. Les sociétés d'horticulture peuvent donc apporter à l'Œuvre un précieux concours. La deuxième séance du Congrès, présidée par des hommes qui ont voué leur vie à l'horticulture, MM. de Vilmorin et Viger, met en lumière ce côté technique de l'Œuvre, éclairé par le rapport de M. Choquet, ingénieur horticole des mines de Lens.

La discussion montre que si beaucoup de jardiniers novices ont encore besoin de guide, d'autres ont profité des leçons. Un ouvrier de Bicêtre expose comment la culture intensive de son jardin de 110 mètres carrés a fourni à sa famille de six personnes les légumes nécessaires pendant tout l'été et comment il conserve encore pour l'hiver une provision de pommes de terre. Ainsi le travail produit le miracle de la multiplication des légumes.

*
* *

Si le jardin bien cultivé est la condition de l'Œuvre, son but est éminemment social. La troisième séance tenue sous la présidence de M. Pierre Baudin, sénateur, devait examiner ce problème et marquer l'apogée du Congrès : « Comment faire des Jardins ouvriers une œuvre sociale ? »

M. Guillard, du Havre, analysa dans son rapport la portée sociale du Jardin. Il montra chez l'ouvrier la haine, naissant de la jalousie, de l'envie de celui qui travaille toujours pour autrui, et qui ne possède jamais ce qu'il a produit.

Il rappela les beaux vers du chemineau de Richepin :

Je pense aux blés coupés qui ne sont pas les nôtres,
Et dont les épis mûrs font du pain pour les autres.

C'est à ce besoin que répond l'œuvre : en calmant les haines stériles, elle s'efforce de rétablir la paix au cœur de l'ouvrier.

Nous voulons lutter contre la haine. On ne fonde rien avec de la haine. Quelle admirable mission est la nôtre!

Elle tend également à détruire les préventions entre ceux qui s'ignorent. Toute société repose sur un échange de services. La paix sociale suppose l'accord, la confiance entre ceux qui se prêtent ainsi un mutuel concours.

Les divers milieux sociaux doivent donc se connaître, se pénétrer. être en contact fréquent. Or, toute la civilisation, tous les progrès de la vie moderne tendent à séparer ceux qui occupent des situations différentes : nos villes contemporaines repoussent de plus en plus le monde du travail et semblent le reléguer en leurs faubourgs ; dans nos campagnes même, la vie de luxe, les découvertes modernes et les changements qu'ils apportent dans notre existence créent des distances inconnues jadis.

Au siècle dernier, les distances étaient moins grandes et les rapports plus permanents. Riches et pauvres habitaient les divers étages d'une même maison. Le contact a disparu.

En voyage nous ne savons même plus qui nous conduit. Ce fait est un élément d'anarchie.

Les hommes s'ignorent de plus en plus et. la vanité humaine aidant, l'esprit de caste renaît avec ses malentendus, ses défiances et ses haines. A tant de gens qui s'ignorent et souvent se méconnaissent, le Jardin ouvrier fournit un lieu de contact, une occasion de rapprochement, un trait d'union nécessaire.

Nous parlons parfois de la classe ouvrière. Mais est-ce que nous les connaissons, les ouvriers ? Peut-être les avons-nous vus en tournée électorale dans l'excitation de la fièvre ! Peut-être dans des visites de charité où ils se sentaient, hélas ! très inférieurs, et humiliés.

La confiance et l'amitié supposent des rapports sur un pied d'égalité. Au jardin, nulle distance entre celui qui visite et celui qui reçoit. L'ouvrier est fier de faire les honneurs de sa tonnelle, de montrer les produits de son travail, et, le soir venu, il accueille le directeur dans son domaine, et le retiendra peut-être à dîner.

Des amis de l'œuvre citent des exemples. Un des directeurs de l'Œuvre d'Issy, M. Damoiseau, raconte que les ouvriers du groupe, désireux de l'associer pleinement à leur joie, ont voulu se restreindre pour lui, ménager un coin de terre et mettent en commun leur travail et leurs économies pour construire une tonnelle où il puisse venir passer au milieu d'eux les soirs d'été.

La vraie question sociale n'est pas hors de nous : elle est en nous, dans l'égoïsme qui, à tout instant, élève des barrières, suscite des divisions. Le Jardin ouvrier nous aide à lutter contre ce mal, il nous rapproche les uns des autres, et fait naître parfois entre gens qui s'ignoraient les amitiés les plus fécondes.

En réalité, il n'y a pas chez nous d'obligés. Échange mutuel de services, là est la vraie solution : nous la trouvons dans nos jardins.

*
* *

La dernière séance de travail devait être consacrée aux fêtes de jardins, touchante pensée de M. l'abbé Lemire qui avait voulu clore le Congrès sur un sourire.

Sous la présidence de M. Souchon, M. Delpérier, dans un rapport plein de finesse, montre les fêtes de jardins ouvriers achevant de donner à l'œuvre sa signification sociale. Citant comme type la belle fête de M. Marque, à Ivry, « elle force, dit-il, les jardiniers à se rapprocher, à s'entendre... Elle développe le sentiment de la collectivité, l'esprit de corps... Sans elle, les cœurs seraient séparés par l'égoïsme comme les jardins le sont par des clôtures... » Enfin, les fêtes servent à grouper les sympathies les plus opposées. « C'est ainsi qu'au seuil des jardins ouvriers, toutes les discussions sont oubliées et que, bien souvent, sur les murs de nos jardins flottent côte à côte les drapeaux du patronage et ceux de la mairie radicale socialiste. »

M. Bonnaure, de Lyon, nous a montré qu'il ne fallait même pas de décors : les fleurs et la gaieté suffisent à la fête. Elle est dans la nature vivante et dans les cœurs épanouis.

* * *

Avant de conclure, j'émets un vœu : c'est que toutes les œuvres de jardins n'hésitent pas à se réunir et à créer entre elles un lien permanent. Notre Ligue du Coin de Terre du Foyer déclarée d'utilité publique nous en offre le moyen. Elle nous permettra de profiter des avantages légaux dont elle jouit et d'obtenir même d'autres avantages sociaux non moins appréciables.

Je dois un remerciement particulier à tous nos présidents. En se succédant pour les séances, ils ont prouvé une fois de plus que le petit coin de terre fait oublier à tous les luttes politiques et religieuses.

On a pu voir ce Congrès, ouvert sous la présidence d'honneur de Mgr Fuzet, présidé ensuite par MM. Mabilleau et Mesureur, et un croyant comme M. Souchon succéder à M. Pierre Baudin.

Cette merveille d'union, nous en avons un dernier exemple sous les yeux. Ne voyons-nous pas fraterniser avec l'arrondissementier impénitent qu'est l'abbé Lemire, le proportionnaliste qu'est M. Deschanel ! S'il est vrai que l'union est désirable entre les fils de la même patrie, quelle utile leçon! Mesdames et Messieurs.

Mon dernier mot est pour vous, chers congressistes, qui allez nous quitter.

A l'œuvre ! Ce qu'il faut voir, c'est l'avenir.

Il y a, à l'heure actuelle, cent mille ouvriers qui attendent de nous le jardin que nous ne pouvons leur donner. Vous avez beaucoup fait, Messieurs, mais il reste beaucoup à faire. Je vous donne rendez-vous avec confiance à notre prochain Congrès... (*Applaudissements répétés.*)

Un mot de Mme Changeux

M. l'abbé Lemire fait remarquer à M. Deschanel que Mme Changeux de Reims n'a pu répondre à M. Robert Georges-Picot qui avait, au banquet qui vient de finir, porté un toast aux dames bienfaitrices ou directrices des Jardins.

Sur les instances du président et du bureau, Mme Changeux se lève, et, d'une voix pénétrée d'un attendrissement qui se communique à toute la salle, dit ce que nous résumons :

J'apporte au Congrès, au nom des mères de famille, le remerciement ému d'une femme, d'une mère et d'une Française. Vous faites mieux que d'apporter à nos sœurs, les ouvrières, du pain : avec les légumes, vous leur donnez le grand air, la santé et la joie. En leur nom, merci !

Une parole très applaudie de M. Lemire

Et moi aussi, Mesdames et Messieurs, dit-il, j'ai un témoignage de gratitude à exprimer. C'est celui que tout le Congrès doit au commandant Wachet, le très aimable, très avisé et très dévoué organisateur des belles réunions qui vont prendre fin, et qui est là-bas au fond de la salle toujours à la peine : qu'il soit à l'honneur !

Enfin, M. Deschanel se lève et prononce le discours suivant vingt fois interrompu, par d'unanimes applaudissements.

Discours de M. Deschanel

Mesdames et Messieurs,

Lorsque mon éloquent et, quoi qu'il en dise, toujours jeune collègue, M. l'abbé Lemire, m'a fait l'honneur de venir m'inviter à cette réunion, il m'a parlé des Jardins ouvriers avec tant de cœur et de poésie, qu'il m'a donné tout à la fois un vif désir et un grand regret ; le désir de mieux connaître votre œuvre et de la voir sur place, et le regret qu'il ne vous en parle pas lui-même, ce qu'il eût fait assurément mieux que moi. Je n'ai sur lui qu'un seul avantage, celui de pouvoir dire librement ce que nous pensons de ses bienfaits.

Je suis donc allé d'abord, d'après ses conseils, à Ivry. J'y ai trouvé deux aimables guides, vos excellents collaborateurs, M. et Mme Marque. Là, sur les pentes qui entourent les forts et qui dominent Paris, dans les terrains vagues, où naguère rôdaient les apaches, s'étend aujourd'hui, grâce à vous, tout un damier de petits enclos. Dans chacun de ces enclos, une famille. Ces braves gens tirent d'un sol souvent inculte, rebelle, par un travail opiniâtre et sain, des légumes, des fruits, des fleurs. Puis, avec quelques planches, quelques morceaux de bois, ils élèvent une tonnelle, où, dans les beaux jours, la femme et les enfants viennent prendre leur repas sous la feuillée. Il faut voir leur joie d'échapper, pour quelques heures, au logis trop étroit, à l'atelier sans ciel, et de respirer le grand air du large, dans la lumière et les fleurs. Il faut sentir leur fierté d'avoir créé quelque chose, quelque chose qui est à eux et d'avoir fait, de rien, tout un petit monde de grâce et de goût. Quelle heure émouvante j'ai vécue là avec eux ! Les mères me présentaient leurs enfants, les enfants me tendaient des fleurs.

Je leur ai parlé des miens.

Il y avait là des mères de cinq, six, huit enfants. Je leur ai avoué, avec quelque confusion, que je n'en avais que trois. Elles m'ont souhaité bonne chance. Je serais volontiers resté jusqu'au soir dans leurs petites tonnelles, sous les étoiles, avec la grande féerie de Paris illuminé dans le lointain.

« Depuis que je peux venir ici, m'a dit l'un deux, je ne vais plus au cabaret; je passe mes dimanches dans mon petit jardin, avec ma femme et mes enfants. »

Voilà, en quelques mots, toute la philosophie de votre effort : la lutte contre le cabaret, contre l'alcool. contre la tuberculose, contre le taudis, et toutes les misères, tous les vices qu'ils engendrent ; l'hygiène, la santé du grand peuple travailleur, la famille ouvrière reconstituée et sauvée. Œuvre admirable, poursuivie sur toute la surface du territoire (vous avez aujourd'hui près de 18.000 jardins) sans bruit, sans éclat, presque sans argent, avec, seulement, un peu de dévouement et de cœur : c'est avec le cœur qu'on fait les grandes choses.

Il est bon, il est juste que les communes utilisent d'abord leurs terrains vagues pour ceux qui n'ont rien. L'assistance par le travail de la terre est la meilleure. Certaines municipalités offrent le choix entre le bon d'argent et le bon de terre. Les bureaux de bienfaisance devraient être encouragés en ce sens. Nous voyons grandir chaque jour cette énorme propriété sociale, — biens de l'État, des départements, des communes, routes, écoles, canaux, édifices, promenades, musées, bibliothèques, matériel de la défense nationale, institutions d'assistance, etc., — qui représente, à l'heure qu'il est, en France, plus de 20 milliards ; n'est-il pas équitable que, dans cet accroissement de la propriété sociale, les pauvres aient aussi leur part ?

Saisissons bien le caractère distinctif de ce que vous faites. Le travailleur, chez vous, n'est pas propriétaire, il n'est pas non plus locataire, et pourtant il jouit de tous les avantages de la propriété. Comme la propriété individuelle ne se prête pas à l'instabilité de l'industrie, comme elle lie l'ouvrier et l'empêche d'aller chercher le travail là où il se trouve, vous lui donnez les bienfaits de la propriété individuelle sans cet inconvénient, de même que vous lui offrez les avantages de la propriété collective, sans les inconvénients du travail en commun.

On a souvent essayé les travaux agricoles en commun, on y a presque toujours échoué. Pourquoi ? Nous en trouvons, dans notre histoire coloniale, un exemple frappant. Le maréchal Bugeaud, gouverneur général de l'Algérie, avait créé trois colonies militaires : l'une avec des soldats libérés, les autres avec des soldats devant encore trois années de service. Ces colons furent soumis au travail en commun. Le produit du travail devait former un fonds commun destiné, au bout de trois ans, à faire les frais du mariage des colons et à fournir à tous uniformément le mobilier de la maison et l'outillage de l'agriculture. Chaque colon reçut, en outre, une terre personnelle, et eut la faculté d'y travailler un jour par semaine pour son compte. Au bout d'un an, la communauté était presque ruinée. « Et pourquoi ? leur demanda le maréchal. — C'est que nous ne travaillons pas, répondirent-ils. — Et pourquoi ne travaillez-vous pas? — C'est parce que nous ne voulons pas faire plus l'un que l'autre, et qu'ainsi nous nous mettons au niveau des paresseux. Croyez-vous, mon gouverneur, que, si nous avions eu chacun notre part de ce blé (il s'agissait de la récolte de blé appartenant à la communauté, que l'on n'avait pas dépiquée et que les orages avaient pourrie),ce blé ne serait pas dépiqué depuis longtemps? On ne croit pas travailler pour soi quand on travaille en commun. Ce sera bien pis quand nous serons mariés, ce sera un enfer!... Nous avons plus produit dans le jour où nous pouvions travailler pour nous-mêmes que dans les cinq jours de la communauté. » Le fait, vérifié par Bugeaud, était vrai. Sur la prière instante des colons, il les désassocia, et le fonds commun fut distribué entre les individus. Aussitôt, on vit renaître l'émulation, et, deux ans après, les trois villages étaient les plus prospères du Sahel.

Eh oui ! Il faut toujours en revenir à la réflexion d'Aristote : « On porte très peu de sollicitude aux propriétés communes, chacun songeant vivement à ses intérêts particuliers et beaucoup moins aux intérêts généraux. »

Or, ce que j'admire dans votre conception, c'est que le travailleur participe en même temps à tous les bienfaits de la propriété individuelle et à tous ceux de la solidarité, sans être ni prisonnier de sa terre ni entravé par la chaîne du communisme. Ce qu'il aime, et ce que nous aimons aussi, dans son petit jardin, c'est ce qu'il y met de lui-même, son travail, sa volonté,sa patience, son courage, tout ce qu'il y a de meilleur en lui, tout ce qui fait l'honneur et la dignité de l'homme. C'est pour cela que sur le labeur le plus humble de la glèbe rayonne un reflet d'idéal.

Et, en même temps, il est solidaire d'un groupement, ou, comme auraient dit nos pères, d'une « amitié ». Lui qui, avant d'y entrer, n'avait eu peut-être en vue que la notion d'un intérêt un peu étroit, borné, la notion de l'intérêt personnel, ou la notion d'un intérêt un peu plus large, mais égoïste encore, l'intérêt familial, voit briller à ses yeux la notion d'un intérêt plus haut, plus noble, celui de la collectivité dont il fait partie et par conséquent de la société tout entière. Il sait qu'il peut compter sur les autres, à la condition que les autres puissent compter sur lui. Par là, des associations comme les vôtres deviennent les solides assises de la nation, car elles contribuent à développer cette vertu qui est le fondement même de la République : la fraternité.

Lorsque votre sociétaire a quelques ressources, vous en faites un mutualiste, et vous organisez vos mutualités d'abord au profit de la femme et des enfants. Vous combinez ainsi toutes les forces morales de l'individualisme et de l'altruisme, en évitant les inconvénients et les excès que peuvent présenter l'un et l'autre. Si le problème de notre âge consiste à concilier le principe de la solidarité et de la justice sociale, votre œuvre, dans son ordre et dans son cadre, en donne une solution heureuse et originale.

Les pouvoirs publics l'ont bien compris et vous viennent en aide. Je suis assuré d'être votre interprète en remerciant le gouvernement et mes éminents anciens collègues et amis, *M. Mirman* et *M. Mesureur*, qui, en toutes circonstances, vous ont rendu hommage et apporté leur précieux concours. Ils savent, mieux que personne, qu'il est un terrain où l'État ne peut s'aventurer sans péril et, où, au contraire, l'initiative privée excelle: c'est l'assistance par le travail. Et, s'il est un domaine qui doive aller s'étendant chaque jour, c'est précisément celui-là, parce que, de plus en plus, le travail qui ennoblit l'homme, doit remplacer l'aumône, qui risque de l'humilier et lui ôte le goût de l'initiative.

Si l'assistance publique et la bienfaisance privée peuvent et doivent exercer une action parallèle, et si nous voyons se dessiner pour chacune d'elles des domaines distincts, à plus forte raison si elles doivent, sur certains points, combiner leur action, en ce sens que l'assistance publique doit pourvoir à ce que les particuliers n'ont point fait ou ne peuvent point faire, n'est-il pas évident qu'elles doivent s'éclairer l'une l'autre et se prêter un mutuel appui?

On reproche parfois à l'assistance publique d'être formaliste, lente, coûteuse, de contribuer, sans le vouloir, à entretenir le paupérisme au lieu de l'éteindre et à maintenir l'indigence héréditaire. Le fait est qu'elle est forcée de s'astreindre à des cadres fixes, tandis que l'assistance privée sait prendre toutes les formes, comme la misère elle-même. Ces deux mots « charité légale » jurent l'un avec l'autre, car la charité est un élan spontané du cœur, un don de soi-même. Charité et liberté sont deux termes inséparables. Il ne suffit pas de secourir le corps, il faut consoler l'âme, il faut la conquérir pour la relever.

Aussi les plus généreux esprits viennent-ils naturellement à vous. A côté de M. l'abbé Lemire, promoteur et apôtre de votre œuvre, dont l'existence au milieu de vous fait songer au mot de Bossuet: « Quand Dieu forma le cœur de l'homme, il y mit premièrement la bonté », vous avez eu le grand plaisir d'entendre, dans votre Congrès de cette année, un savant professeur, un des maîtres de notre Université de Paris, plus qualifié que qui que ce soit pour parler des questions agraires, M. Souchon ; un grand horticulteur, M. de Vilmorin, qui a dû être séduit, j'imagine, tout à la fois par l'ordre et la symétrie de ces petits jardins, où nos ouvriers mettent la marque de l'esprit français, et par la variété des cultures, où se retrouve le pays natal de chacun d'eux, tantôt le Nord, tantôt le Midi, ailleurs la Normandie ou la Bretagne, ou bien le Plateau Central, ou bien l'Alsace et la Lorraine ; — le jardin, pour eux, c'est la petite patrie ; — enfin, des orateurs éminents, mes amis, Viger, qui met, depuis trente ans, au service de l'agriculture française sa profonde expérience et sa verve gauloise, et Pierre Baudin, dont l'intelligence ouverte à toutes choses sera de plus en plus, j'en suis sûr, une force pour l'État. Et je suis heureux de saluer notre cher hôte, mon ami Jules Siegfried, ici dans cette maison du *Musée Social*, où je ne reviens jamais sans émotion, parce qu'elle est toujours accueillante à tous ceux qui ont quelque bien à faire, Siegfried, chef aimé de cette noble famille où le talent, le patriotisme et l'amour du peuple sont des vertus héréditaires.

Et que M. Robert Georges-Picot me permette de lui dire combien j'ai été heureux d'applaudir son beau rapport ! C'est la première fois que j'ai la bonne fortune de l'entendre. Je ne puis mieux lui montrer les sentiments que sa parole inspire, — à en juger par moi-même, — qu'en évoquant devant lui la mémoire de celui qui voulait bien m'honorer de son amitié, et dont il est le digne fils.

Comment ces âmes généreuses ne sentiraient-elles pas ce qu'il y a, aujourd'hui encore, d'affreusement misérable dans un grand nombre d'existences, ce qui reste d'injustice dans nos vieilles sociétés en plein XXe siècle ! Plus on avance, plus on monte dans la vie, plus la fortune vous sourit et vous comble de ses dons, et plus on se retourne avec un redoublement de passion vers ceux qui peinent, qui souffrent, et qui, du berceau à la tombe, pris dans la roue de fer du destin, jamais, jamais ne connaîtront la douceur de vivre. Et il semble que toute heure perdue pour l'étude et l'allégement de leurs maux devienne à tout cœur bien placé comme un reproche et un trouble de conscience.

Assurément, l'inégalité est la loi de la nature et de la vie universelle ; l'égalité de fait n'est pas seulement une chimère, elle serait l'injustice même, puisqu'elle mettrait sur le même pied le travail et la paresse, l'économie et l'imprévoyance, la vertu et le vice. Mais la justice sociale consiste à corriger ce qu'il peut y avoir d'immoral dans la mêlée humaine, par la solidarité. Et c'est là la grandeur de l'homme.

Vous avez le sens profond de la vérité historique, en voulant qu'au milieu de nous les plus humbles membres de la famille humaine soient honorés à l'égal des premiers. La gêne est le principe du mouvement ; le bien-être souvent est inerte. Le monde marche par la douleur. C'est elle qui a engendré les plus grandes révolutions morales de l'humanité. Ce sont toujours les bergers et les mages qui apercevront les premiers à l'horizon l'étoile nouvelle. Les causes profondes des grands changements humains sont dans les aspirations des simples, des patients de toute sorte. Ce sont les déshérités de la terre qui, toujours, ont poursuivi le plus énergiquement l'idéal. Ce sont ces infiniment petits, au fond de la sombre mer des pauvres, qui fondent l'avenir.

Continuons donc notre œuvre, et guidés par l'idée qui a toujours fait la force de la France, l'idée de la justice, édifions cette République nouvelle dont les assises sortent de terre sous nos pieds, cette République du travail fraternel, déjà vivante dans nos consciences. (*Applaudissements unanimes et répétés.*)

L'Inauguration de la Bannière des Jardins ouvriers

Rappelons d'abord l'origine de cette bannière.

M. Delisle, archiviste de la Ligue du Coin de Terre et du Foyer, recevait le 28 juillet 1912 la lettre suivante :

Strasbourg, 28 juillet 1912,
34, quai des Bateliers.

Monsieur,

Dans la Revue *le Coin de Terre et le Foyer* que je lis toujours avec le plus vif intérêt se trouve dans le bulletin de mars un rapport de M. Delisle, archiviste de la Ligue. Il dit entre autres choses excellentes : « Peut-être y aura-t-il lieu de faire faire une bannière de la Ligue qui serait portée au diverses fêtes de Jardins ouvriers. Elle porterait les initiales de la Société C. T. F. et les emblèmes du jardinage, ou l'image de saint Fiacre. C'est à étudier.

Comme, par suite de circonstances indépendantes de ma volonté, je ne ferai pas un séjour de campagne cet été, j'économise une certaine somme que j'aurais plaisir à vous envoyer pour l'acquisition d'une belle bannière. Mais je ne suis pas du tout d'avis qu'elle porte seulement des initiales, car on sait rarement ce que cela veut dire. Au contraire, je désirerais une inscription en toutes lettres ou en grands caractères, ou bien : « *Ligue du Coin de Terre et du Foyer et Société de Jardins ouvriers* » ou bien il faudrait une bannière pour chaque société. Je viens donc vous prier, Monsieur, d'avoir l'extrême obligeance de demander à des dames brodeuses à combien reviendrait une belle bannière et de me le faire savoir.

Recevez, Monsieur, en attendant, mes salutations les plus distinguées.

M. Bergmann

M. Delislé, alors absorbé par le deuil de la mort récente de sa femme, remit la négociation de cette affaire à Mlle Philibert, membre du Conseil d'administration. Il fut convenu que la broderie de la bannière serait confiée à Mlle de Jaër, 8, route de Clamart, à Vanves, artiste de valeur, qui soumit au Conseil d'administration un projet de dessin qui fut adopté.

*
* *

Un mois seulement nous séparait de la date du Congrès ; l'artiste fit des prodiges pour être prête pour la séance de clôture, où l'on devait déployer la bannière pour la première fois.

Nous laissons ici la parole à M. de Narfon, du *Figaro*.

« Tous les cœurs sont vibrants. On acclame M. Deschanel et quand les acclamations ont cessé, l'abbé Lemire nous fait connaître la surprise qu'il nous ménageait. Une généreuse Alsacienne lui a écrit récemment pour lui demander d'offrir à l'Œuvre des Jardins ouvriers un drapeau. Elle s'était promis de faire cette année un voyage qui n'est pas indispensable. Elle y renoncera pour la joie patriotique de cette offrande, car cette Alsacienne a gardé un cœur français. Ce drapeau, on va l'inaugurer. L'abbé Lemire donne un ordre : la grande porte s'ouvre et nous voyons apparaître une superbe bannière sur laquelle est brodée une belle image de saint Fiacre, patron des jardiniers, et qui le représente bêchant son jardin. C'est un ouvrier de Bicêtre qui porte fièrement cette bannière et s'avance de la sorte jusqu'au pied de l'estrade, suivi par une gracieuse théorie de jeunes filles, délicieusement costumées en bergères, chacune d'elles tenant d'une main des fleurs, et de l'autre main une houlette enrubannée. Et pour fermer la marche, deux bergers porteurs d'une superbe corbeille qu'ils vont offrir à Mme Deschanel, car la femme du président de la Chambre s'intéresse aussi à l'Œuvre des Jardins ouvriers, et elle est au premier rang de l'assistance.

Pendant le défilé, un chœur de jeunes filles, élèves de l'institution Lhomond, voisines de l'abbé Lemire, toujours prêtes pour une bonne action, chante le chœur de Sigurd : *Brodons des étendards*, modifié pour la circonstance et qui avait su garder, malgré ce travestissement inattendu, l'allure toute spéciale que le regretté Roger a si bien su lui donner.

Le roi Gunther, transformé en froid hiver, qui s'en serait douté? est mis en fuite par l'étendard des Jardins ouvriers! Tout arrive !

Enfin, une toute petite s'approche de l'estrade.

On la place sur une table. Elle débite fort gentiment un compliment très simple et très court :

Monsieur le Président,

Au nom des Jardins ouvriers de Paris et banlieue nous vous offrons ces fleurs.

Acceptez-les comme un témoignage de notre reconnaissance.

Les parents et les enfants vous disent :

Monsieur le Président,

Merci pour votre beau discours, merci pour votre dévouement envers les familles ouvrières.

Vivent les Jardins ouvriers !

Vive Monsieur Deschanel !

* * *

« — Voici, dit le Président, un orateur que je ne rappellerai pas à l'ordre. »

Et il embrasse la petite.

Puis il montre le drapeau et dit :

« Messieurs, une œuvre qui inspire des gestes comme celui-là est une œuvre bonne, est une grande œuvre. »

La corbeille de fleurs fit le tour de la salle.

Elle renfermait les fleurs de Marseille et celles de Paris.

Les jeunes filles les offrirent aux dames.

Et la séance fut levée. « Une séance pendant laquelle on était à mille lieues des mesquines intrigues, une de ces séances où au contact de gens de bien et grâce à cette puissance de rayonnement qu'a la vertu, il semble que l'on se sente devenir meilleur » (M. de Narfon).

* * *

M. l'abbé Lemire fit savoir à Mlle Bergmann qui n'avait pas eu la joie d'assister aux fêtes et de contempler la bannière qu'elle avait eu la générosité d'offrir, les détails touchants de cette inauguration, en même temps qu'il lui faisait parvenir un positif sur verre reproduisant en couleur la bannière emblème de nos jardins.

Il reçut d'elle la lettre suivante :

Strasbourg, 19 novembre 1912.

Monsieur l'Abbé,

C'est avec une profonde émotion que j'ai pris connaissance de la lettre que vous avez bien voulu m'adresser et dans laquelle vous m'annoncez l'envoi d'une reproduction de la bannière. Cet objet vient de m'être remis et je ne veux pas tarder à vous exprimer, Monsieur l'Abbé, ainsi qu'à tout le Comité, ma vive reconnaissance pour votre délicate attention. La plaque photographique, qui est arrivée ici en parfait état me cause beaucoup de plaisir. Je constate avec une grande satisfaction que la bannière est très belle, et qu'il y a lieu de féliciter l'artiste qui a si bien compris les indications que vous lui avez données. J'appelle toutes les bénédictions du ciel sur l'œuvre admirable que vous avez entreprise, et sur votre vie consacrée entièrement à un ministère de paix et de charité selon l'enseignement de « notre Maître ». Ne vous laissez pas émouvoir par les récriminations de ceux « qui ont des oreilles pour ne pas entendre et des yeux pour ne pas voir ». Vos idées religieuses et sociales finiront par triompher. En attendant, votre conscience vous dit que vous êtes un véritable disciple de Jésus-Christ, que peut-on désirer de plus réconfortant ?

Veuillez, je vous prie, Monsieur l'Abbé, être l'interprète de ma gratitude auprès du Comité, et recevoir pour vous-même l'expression de ma bien respectueuse admiration.

M. Bergmann

La bannière porte en grandes lettres « Jardins ouvriers ». Au centre, l'image de saint Fiacre bêchant son jardin. Le long de la hampe un vase avec ces trois lettres C. T. F. (Coin de Terre Foyer) d'où sortent des fleurs qui encadrent des instruments horticoles.

Elle sera arborée quand le Conseil d'administration visitera solennellement une œuvre ou sera représenté à un Congrès.

TABLEAU

des

Œuvres Françaises de Jardins Ouvriers

au 8 Novembre 1912

Tableau des Œuvres Françaises de Jardins Ouvriers au 8 novembre 1912

Départements	Localités	Œuvres	Date de fondation	Nombre des groupes	Nombre des jardins	Contenance par jardin en m. c.	Contenance totale en hectar. et ares	Forme statutaire	Conditions de jouissance	Œuvres annexes
Ain	Bourg-en-Bresse				28					
	Autreville	Jardins post-scolaires	1906		10					
Aisne	Chauny	Bureau de Bienfaisance	1905		140	300	4 20			
	Pierrep.-en-Laon	M. Giot	1899		20	500	1			
	Saint-Quentin	Conférence de la Basilique.	1900		80	500	4			
		Bureau de Bienfaisance	1900		32	350	1 12			
		Diaconat de l'Egl. réform.	1901		11	variable				
		Municipalité	1903		136	400	5 44			
		Conférence de St-Eloi	1904		20	500	1			
	Soissons	Société de Secours Mutuel.	1879		55	400	55			
Allier	Moulins	* Confrérie de N.-D. du Trav.	1901	1	33	300	97		Jard. grat.	
		Syndicat agricole catholiq.			23					
Alpes (Bas.).										
Alpes (Htes-)	Gap	Section de la Lig. du C.T.F.	1907		6	240	14 40	Assoc. déclarée		
Alpes-Marit.	Cannes	* Confér. de St-Vinc.-de-P.	1904		26	200	32		Jard. grat.	
Ardennes	Balan-Sedan	Abbé Grandrémy	1899		34	200	68			
	Charleville	M. Renaudin	1903		16	300	80			
		Société d'hygiène	1908		20					
	Rethel		1898	4	60	400	2 50		Jard. pay.	
	Sedan	* Œuvre terrienne Sedanaise	1889	2	250	400 à 800	16	Assoc. déclarée	Baux, j. gr.	Jard. d'enf.
Aube	Troyes	* Association des J. O.	1900	3	77	300	2 24	Assoc. d'utilité pub. propriét.	Jard. grat.	
Aude	Carcassonne	Comité	1902	2	82	200	1 64			
	Fa	Abbé Cabirol	1900	1	5	200	10			
	Reyssac-d'Aude				10					
Aveyron	Rodez	* Conf. de St-Vinc.-de-Paul.	1902	2	48	160	77		Jard. grat.	
Belf. (Ter. de)	Belfort	Conf. de St-Vinc.-de-Paul.	1903		60	130	72			
Bouch.-d.-R.	Aix	Conf. de St-Vinc.-de-Paul.	1905		4	400	16			
		Mgr Guillibert	1906		14					
Bouch.-d.-R.	Marseille	* Assistance par le travail	1903	3	185	200	3 92	Section de l'assistance par le trav. (propr.)	Jard. grat.	
		Association des J. O.	1906		8	300	24			
		* Œuv. des Jard. de famille	1910	1	38	200 à 300	1 30	Assoc. déclarée affiliée à la Ligue C. T. F.	Jard. grat.	Jard. d'enf.
	Salon	Cercle d'études	1905		2	80	1 60			
Calvados	Caen	Société de Solidarité soc.	1903		10	250	25			
		Municipalité	1907	2	97	400	3 88			
	Lisieux	Municipalité	1903		24	200	48			
		Société d'Horticulture			12					
Charente-Inf.	La Rochelle	* Association des J. O.	1899	3	107	275	3 25	Ass. déclarée.	Jard. pay.	
Cher	Bourges	* Association des J. O.	1905	3	59	279	1 63 48	Ass. déclarée. affiliée à la Ligue C. T. F.	Jard. pay.	
Corrèze	Brive	M. l'Ebraly	1897		52	400	2 08			
	Marcillac-la-Croisil.	Commune			80	60	48			
Côte-d'Or	Beaune	Conf. de St-Vinc.-de-Paul.	1900		10	300	30			
	Dijon	* Sect dij. de la Lig. C.T.F.	1897		262	300	7 86			
Côt.-d.-Nord.	Saint-Brieuc	* Association	1896	1	31	300	1		Jard. grat.	
Doubs	Pontarlier	* Conf. de St-Vinc.-de-Paul.	1904	5	226	400	2 26		Jard. grat.	
Drôme	Bourg de Péage	Section Ligue C. T. F.	1905	3	144	100	1 40		Jard. grat.	
	Montélimar	M. l'abbé Joude	1906		50	230	1 45			
	Romans	M. l'abbé Pousse	1902		64	200	1 28			
Eure	Louviers	Bureau de Bienfaisance	1906		100	300	3			
	Pont-de-l'Arche	MM. Lenoble et Sorel	1899		11	300	90			
Eure-et-Loir	Dreux	* Le Coin de Terre de Dreux.	1907	2	16	326	52 31	Assoc. déclarée	Jard. pay. sauf la 1re année.	
Finistère	Brest	Le Coin de Terre et le Foyer de Brest	1904		54	350	1 89	Assoc. déclarée	Jard. grat. p. 3 ans (œuv. pr.)	
	Châteaulin	Comité	1900		24	340	81 60			
	Morlaix	Paroisse Saint-Martin	1903		40	110	44			
		Paroisse Saint-Mathieu	1905		27	400	1 08			
Gard	Nimes	Solidarité nîmoise	1901		81	100	81			
		Société des J. O.	1906		53	400	2 12		Jard. pay.	
Garonne (Ht).	Saint-Gaudens	Abbé Germès	1898		220	400	8 80			
	Toulouse	Conférence Saint-Etienne.	1898		27	350	34 50			
		* Coin de Terre toulousain.	1907	1	20	250	56	Assoc. déclarée affiliée à la Ligue C. T. F.	Cotisation de 4 ans (œuv. pr.)	

Tableau des Œuvres Françaises de Jardins Ouvriers au 8 Novembre 1912 *(suite)*

Départements	Localités	Œuvres	Date de fondation	Nombre des groupes	Nombre des jardins	Contenance par jardin en m. q.	Contenance totale en hectar. et ares	Forme statutaire	Conditions de jouissance	Œuvres annexes
	Villefranche				12					
Gers	Auch	Comité Jeanne d'Arc	1899		14	700	38			
Gironde	Bordeaux	* Soc. des Hab. à bon march.	1903	10	188	250	4 70	Société (Loi de 1906)	Jard. pay.	
Hérault	Perpignan	Bureau de Bienfaisance (Fondation Dieudé)	1907		65	400	2 65			
Ille-et-Vilaine	Rennes	J. O. de la Motte des Brûl.	1899		28	300				
		Œuvre de Toussaints			14		84			
		* M. Pinault et Comité	1909	1	84	200	1 68		Jard. grat.	
Indre-et-Loir.	Tours	* Association des J. O.	1898	8	208	200	6	Ass. déclarée	Jard. grat.	Bibl. grat.
Isère	Grenoble	Lig. dauphin. du C. T. F.	1907	4	182	100 et 200	4	Ass. déclarée	Cotisation 1 fr. par an.	Maisons ouvrières
		M. Vellot	1898		50	100	50			
	Vienne	Sillon	1904		80	190	2 40			
Jura	Lons-le-Saunier	Section Ligue C. T. F.	1900	1	31	300	93			
Loir-et-Cher.	Blois	* Société blésoise des J. O.	1903	6	73	300	2 19	Ass. déclarée affiliée à la Lig. C. T. F.	Jard. pay.	Société du Bien de Famille Bulletin
Loire	Charlieu	Association des J. O.	1903	2	44	200	88	Ass. déclarée		
	Izieux	Sillon	1906		24	140	33 60			
	Roanne	Comité	1904	7	85	200	1 70	Ass. déclarée		
	Saint-Chamond				46					
	Saint-Etienne	* Père Volpette et Comité	1894	15	850	300	24	Ass. déclarée affiliée à la Lig. C. T. F.	Jard. pay.	Caisse rur. Briqueterie Cercle d'ét. Coopérat. Chorale. Vestiaire. Maisons
	Montbrison	Cercle d'études	1909		19		2			
Loire	St-Bonnet-le-Chât.				65					
Loire (Haute)	Le Puy	* Conf. de St-Vinc-de-Paul.	1898	4	63	300	2		Jard. grat.	
		Bureau de Bienfaisance	1900		92	200	1 84			
Loire-Infér.	Nantes	Comité	1897		57					
Loiret	Orléans	Association orléan. pour Jardins et immeub. ouv.	1897		405			Ass. déclarée		
		Œuv. de la 1re communion.	1898		30	240	72			
	Pithiviers	* M. et Mme Robert et comité.	1901	3	87	200	2 20		Jard. grat.	
Lozère	Mende	* Confrér. des Pénit. Blancs.	1895	1	32	150	50			
Maine-et-L.	Angers	Association des J. O.	1904		21	200	42			
Marne	Reims	* Mme Changeux et comité.	1898	5	90	300	3	Ass. approuvée (1898) affiliée à la Ligue du C. T. F.	Jard. pay. la 3e année	Caisses rur. et coop.
		Municipalité			75					
	Vitry-le-François	Comité	1901		19	650	1 23 50			
Marne (Hte).	Chaumont	Conférence Saint-Louis	1899		12	300	36			
	Saint-Dizier	* Comité	1904	1	33	300	1	Association	Jard. grat.	
Meurth.-et-M.	Lunéville	Bur. central d'assistance	1902	3	18	400	72			
		Cercle d'études	1906		5	400	20			
	Nancy	Œuvre de Saint-Èpvre	1897		75	260	1 35			
		Bureau de Bienfaisance	1901		202	240	5 15 74			
Morbihan	Gaures	Jardins pour marins			2					
	Hennebont	M. Chevassu	1899		23	500	1 15			
	Lorient	Le Coin de Terre	1904	5	109	340	3 70 60			
	Vannes		1909		25					
Nord	Anor		1912		?					
	Anzin	Municip. et Bur. de Bienf.			30	400	1 20			
		M. Bouquet	1895		?					
	Armentières		1895		45	300	1 35			
	Avesnes	* La Conf. St-Vinc.-de-Paul.	1904	2	33	300	99	Association	Cot. de 6 a. restit. en graines	
		Cours du Dimanche	1903		17	300	51			
		Bureau de Bienfaisance	1912		?					
	Bailleul	Caisse d'Épargne	1907		32	300	98			
	Bergues	Conf. de St-Vinc.-de-Paul.	1904		16	400	66			
	Cambrai	Cercle d'études	1907	5	77	300	2 40			
		* Coin de Terre ouvrier cambrésien	1908	3	70	420	3	Ass. déclarée		
	Capreau Wasquehal		1905		5					
	Le Cateau	Bureau de Bienfaisance	1898		47	500	4 25	Ass. déclarée	Jard. grat.	

Tableau des Œuvres Françaises de Jardins Ouvriers au 8 Novembre 1912 *(suite)*

DÉPARTEMENTS	LOCALITÉS	ŒUVRES	DATE de fondation	NOMBRE des groupes	NOMBRE des jardins	CONTENANCE par jardin en m. q.	CONTENANCE totale en hectar. et ares	FORME STATUTAIRE	CONDITIONS DE JOUISSANCE	ŒUVRES ANNEXES
Nord	Croix	* Mme Delloue et comité... Œuvre croisienne des J. O.	1905	6	130	300	4	Ass. déclarée	Jard. grat.	Mut. mat. et déc. Consult. de nourriss. Ens. ménager.
	Denain	Bureau de Bienfaisance			10					
	Douai	Société des Jard. Ouvriers	1897	9	138	300	3 54	Ass. déclarée	Jard. grat. pend. 3 ans	
	Dunkerque	Conf. Coll. N.-D. des Dunes	1900		7	500	35			
		* Municipalité	1911	1	14	400	66		J. payants	
	Estaires	Conférence du Collège	1909		9					
	Fourmies	Coin de Terre fourmisien	1900		400	300	12			
	Genech	Bureau de Bienfaisance	1892		12	400	48			
	Gr. Fort Philippe	Syndicat des Marins	1902		12	100	12			
	Gravelines	M. Bracq	1897		9	500	45			
		Paroisse			29	500	1 18 10			
		* Comité des Cités-Jardins	1909	3	78	3 à 400	3	Ass. déclarée	Jard. grat.	
	Halluin		1909		36	300	1 08			
	Haubourdin	Comité	1902		38	440	1 87 20			
		Assoc. St-Michel des J. O.	1902		50	400	2			
	Hazebrouck	* Conf. du coll. St-François	1897		8	275	39 27			
		* Soc. des Hab. à bon marché	1898	3	24	130	31 30	Soc. (L. de 1906)	J. payants	
		* Sect. hazebrouckoise de la Ligue C.T.F	1906	2	41	300	1 23	Section locale Ligue C. T. F.	J. payants	
	Lannoy	Soc. de Secours Mutuels	1905		39	300	1 17			
	Lesquin	Société (abbé Podvin)	1909		24			Ass. déclarée		
	Lille	Comité Jeanne d'Arc	1905		16	300	48			
		Soc. anonyme coopérative	1905		21					
Nord	Lille	Œuvre lilloire des J. O.	1906	26	653			Ass. déclarée affiliée à la Ligue C. T. F.		
		J. C. de N.-D. de Consolat.	1910		30					
	Lomme	Cercle d'Etudes	1905		25	300	75			
	Loos	Cercle d'Etudes	1905		1	400	4			
		Jeunesse catholique			37					
	Maing	Paroisse	1912		5					
	Marcq en Barœul	Comité	1903		11	400	44			
	Maubeuge		1909		?					
	Le Quesnoy	M. Hannedouche	1903		37	400	1 48			
	Râches	Conf. de St-Vinc.-de-Paul	1900		4	400	16			
	Rosendaël	Dr Lanery	1896		22	500	1 10			
	Roubaix	* Instit. popul. de l'Epeule	1903	8	350	300	10 50		Jard. grat.	C. de créd.
		* Soc. des Jard. populaires	1906	16	344	3 à 400	10	Ass. déclarée	Jard. grat.	Mut. div. Ens. mén. Coop. d'achats.
		Jardins du Progrès	1909		16					
	Sains du Nord	* Soc. des Jard. ouvriers	1903	2	250	130	3 15		J. grat. et j. payants	
	St-Amand-les-Eaux	* Sect. de la Ligue C.T.F.	1910	2	21	360	85	Section locale Ligue C. T. F.	Jard. grat.	
	Seclin	* Soc. des Jard. Ouvriers	1909	6	102	320	3 70	Ass. déclarée affiliée à la Ligue C. T. F.	J. payants	Coop. d'achats. Mut. décès. J. d'enf. Soc. d'encourag. pour l'acquisit. et un coin de terre. Bulletin.
	Sin-le-Noble	Conf. de St-Vinc. de Paul	1904		10	220	22			
	Solesmes	Municipalité			?					
	Templeuve	M. l'abbé François	1897		10	175	47 5			
	Thumesnil-lès-Lille	Conf. de St-Vinc.-de-Paul	1904		55	300	1 65			
	Tourcoing	* Association	1904	6	399	300	12	Assoc. déclarée affiliée à la Ligue C. T. F.	2 groupes payants.	Cours de ménage. Coopérat. d'achats.
	Trélon	Comtesse de Mérode	1904		49	300	1 47			
	Valenciennes	* Soc. des Jard. ouvriers	1897	4	230	300	8	Assoc. déclarée	Jard. pay.	Bulletin.
		Municipalité			50					

Tableau des Œuvres Françaises de Jardins Ouvriers au 8 Novembre 1912 *(suite)*

DÉPARTEMENTS	LOCALITÉS	ŒUVRES	Date de fondation	Nombre des groupes	Nombre des jardins	Contenance par jardin en m. q.	Contenance totale en hectar. et ares	Forme statutaire	Conditions de jouissance	Œuvres annexes
Nord	Wambrechies	Comité	1908		18					
	Wasquehal	Comité	1899		60	400	2 40			
	Watrelos	Par[sse] St-Gérard Magellan.	1910		30					
Oise	Beauvais	Municipalité	1878		33	300	1 03 50			
	Chantilly	Municipalité	1882		206	200	4 12			
	Compiègne	* Office central des œuvres de Bienfaisance.	1905	9	200	420	8 39 76	Assoc. déclarée	Jard. pay.	
	Creil	Mad. Cathrein	1904		38	350	1 30			
	Montataire	Société de tempérance	1909		?					
	Nogent-sur-Oise	—	1907		26	200	52			
	Senlis	M. Guillot	1905		11	500	55			
Pas-de-Calais	Aire sur la Lys	Abbé Mouchelin	1906		12	315	38			
	Arques	Municipalité	1906		233	350	8 15 50			
	Arras	Municipalité	1900		60	400	2 40			
	Boulogne-sur-Mer	* Municipalité et Bureau de Bienfaisance	1898	4	75	300	2 30		Jard. grat.	
		* Paroisse Saint-Pierre	1898	2	48	300	1 44			
		* Paroisse St-Vinc.-de-Paul.	1899		54	250	1 35			
		* Sect. de la Lig. du C.T.F.	1911	2	30	300	90	Sect. locale de la Ligue C.T.F.	Jard. pay. sauf un groupe..	Encourag. à la Petite Propriété (loi Ribot) Confér. et concours de Jardin. Bulletin.
	Calais	N.-D. du Travail	1898		12	420	50 40			
	Desvres	Bureau de Bienfaisance	1903		30	400	1 20			
	Etaples	* Syndicat des ouvriers	1909	1	10	300	30		Jard. grat.	
	St-Martin-lès-Boul.	* Paroisse et Patronage	1903	1	54	300	1 62		Jard. pay.	
	St-Omer	* Association des J. O.	1897	2	57	300	2 11 96	As. décl. affiliée à la Lig. C.T.F.	Jard. pay.	

DÉPARTEMENTS	LOCALITÉS	ŒUVRES	Date de fondation	Nombre des groupes	Nombre des jardins	Contenance par jardin en m. q.	Contenance totale en hectar. et ares	Forme statutaire	Conditions de jouissance	Œuvres annexes
Pas-de-Calais	St-Pol-sur-Ternoise.				45					
	Wissant	Paroisse	1904	1	5	800	42 94		Jard. pay.	
Puy-de-Dôme	Clermont-Ferrand	* Le Coin de Terre clermontois	1897	4	67	2 ou 300	1 47	Assoc. déclarée	Jard. grat.	
		Paroisse Saint-Genès	1899		31	200	62			
		Conférence des Etudiants.	1899		7	200	15			
	Riom	Conf. de St-Vinc.-de-Paul.	1900		7	225	15 75			
Pyrén. (Hts-)	Bagnères-de-Bigorre	* Conf. de St-Vinc.-de-Paul.	1899	1	19	290	55			
	Lourdes	Conf. de St-Vinc.-de-Paul.	1899		19	300	57		Jard. grat.	
Rhône	Lyon	* L'Œuvre lyonn. des J. O.	1901	31	972	150	16 36 44	Assoc. déclarée affiliée à la Ligue C. T. F.	Jard. grat.	Cours de ménage.. Fanfare... Société de Fifres....
	Tarare				?					
Saône-et-L.	Autun	Cercle d'Etudes	1904		32	250	80	Assoc. déclarée		
	Châlon-sur-Saône	M. Pourchère	1898		70	370	2 59			
Sarthe	Le Mans	MM. Latour	1906		15					
	Saint-Jammes	Le Sillon	1904		12	400	48			
Savoie	Chambéry	Assoc. savoy. des J. O.	1909		7	150	11 45			
	Le Bourget		1905		76					
Savoie (Hte-)	Annecy	Association des J. O	1897	2	64	250	28			
Seine	Paris Et 14 communes de banlieue.	Société des J. O. de Paris et Banlieue et les œuvres rattachées		32	983		17	Sect. locale de la Ligue C.T.F.		
	Châtenay				2	250	5			
	Sceaux	Œuvre « Marg. Renaudin »	1901	2	100	175	2	Affiliée à la Ligue C. T. F.	Jard. grat.	Jardin de plant. médicinales. Cours de ménage.. Ecole d'arboricult. Soc. de sec. mut. Dolterienne. Rucher.
Seine-Infér.	Dieppe	Société d'habitations à bon marché			24	300	72			
	Eu	Société des J. O.	1906		52	200	1			
	Le Havre	M. Lefebvre	1889		108	200	2 16			
		Société havraise des J. O.	1905		131	300	4 83	Soc. anonyme		

Tableau des Œuvres Françaises de Jardins Ouvriers au 8 Novembre 1912 *(suite)*

DÉPARTEMENTS	LOCALITÉS	ŒUVRES	DATE de fondation	NOMBRE des groupes	NOMBRE des jardins	CONTENANCE par jardin en m. q.	CONTENANCE totale en hectar. et ares	FORME STATUTAIRE	CONDITIONS DE JOUISSANCE	ŒUVRES ANNEXES
Seine-Inf.	Le Havre	Assoc. des J. O. de Frileuse.	1906		157	300	4 71			
		Ligue antialcoolique de la Croix Blanche.	1908		4	400	16			
	Rouen	* Association des J. O.	1903	4	350	250	7	Assoc. déclarée affiliée à la Ligue C. T. F.	Jard. pay.	Cours de ménage. Œuvre du trousseau Biblioth.
Seine-et-M.	Fontainebleau	Le Coin de Terre et le Foyer.	1904	3	6	200	12			
	* Melun	Association	1907	2	29	230	70	Ass. déclarée affiliée à la Ligue C. T. F.	Jard. grat.	
Seine-et-Oise.	* Etampes	Caisse d'Epargne	1908	1	35	350	2	Loi du 12 avril 1906	Jard. pay.	
	Magny-en-Vexin	Œuvre de Saint-Fiacre	1897		15	400	60			
	Montfort-l'Amaury.				18	600	1 08			
	Versailles	Confér. des élèv. du Lycée.	1899		21	140	21			
		* Œuvre versaill. des J. O.	1901	4	281	150	3 83	Ass. déclarée affiliée à la Ligue C. T. F.	Jard. pay.	École ménagère Jard. d'enf.
Sèvres (Deux)	Niort	* Paroisse de Vouillé	1908		30	200	60		Jard. pay.	
	Vasles	Comtesse La Sayette			37	1.600	5 32			
Somme	Abbeville	* Abbé Crépin et Mme André.	1902	6	197	400	8		Jard. grat.	
	Albert	Caisse d'Epargne	1908		?	500				
	Amiens	Association	1904		47	420	2			
		M. Trancart	1896	1	11	420	46 20		Jard. pay.	
		* Association Michelet	1897	5	65	440	2 86		Jard. pay.	
		* Confér. de St-de-Vincent-de-Paul, Saint-Firmin	1899	1	18	300	54		Jard. grat.	
		* Ecole libre Saint-Martin.	1899	6	76	450	3 50	Ass. déclarée	Jard. grat.	
Somme	Amiens	* Association amiénoise des Jardins ouvriers	1903	3	43	400	1 70	Ass. déclarée	Jard. pay.	
		* Assoc. des anciens élèves du faubourg de Hem	1904	4	18	400	72		Jard. pay.	
		* M. de Berny	1910	2	20	422	85		Jard. grat. et Jard. pay.	
	Camon-lès-Amiens	Comité	1903		40	425	1 70			
	Cerisy Gailly	Commune			38	210	80			
	Cléry				60					
	Daours	* Commune	1856		78	700	5 46			
	Doullens	* Association des J. O.	1903		50	420	2 30	Ass. déclarée	Jard. pay. sauf 1 gr.	
	Fouilloy	Commune	1848		192	430	8 40			
	Liancourt-Fosse	M. l'abbé Fleury			8					
	Moreuil				6					
	Morcourt	Bureau de Bienfaisance	1855		64	500	3 75			
	Péronne	Comité	1906		32	400	1 28			
	Saint-Sauveur	Commune			135	495	6 68 25			
	Villers-Bretonneux.		1909		10					
Tarn	Briatexte	Association	1903		15	200	30	Ass. déclarée		
	Castres	Confér. de St-Vinc.-de-P.	1900		16	300	48			
	Mazamet	Confér. de St-Vinc.-de-P.	1909		12					
Var	Toulon	Jardins et maisons			?					
Vienne	Montmorillon	Confér. de St-Vinc.-de-P.	1900		10	300	30			
	Poitiers	Office social	1908		20	300	60			
Vienne (Hte).	Limoges	* Association	1903	9	350	200	7	Ass. déclarée	Cot. de 3 fr.	
Vosges	* Bruyères		1910				20		Jard. grat.	
	* Epinal	Confér. de St-Vinc.-de-P.	1900						Jard. grat.	
		Association	1910					Ass. déclarée	Jard. pay.	
	* Remiremont	M. Richard	1903		20				Jard. grat.	
Algérie	El-Biar	Coin de terre et foyer	1907		24					

TOTAUX ET MOYENNES

63 départem. et le territoire de Belfort ont des Jardins ouv.	209 localités françaises ont des Jardins ouvriers.	281 nombre total des œuvres françaises de Jardins ouvriers.		Nombre de jardins 17,823	300 m. c. contenanc. moyenne par jardin	490 hect. contenance totale des jardins ouvriers ci-dessus		

ANALYSE DES RAPPORTS
ENVOYÉS AU CONGRÈS

N-B. — *Plusieurs rapports étaient très remarquables. Nous regrettons de ne pouvoir en donner qu'une analyse très brève. Mais, en les mentionnant tous, nous tenons à remercier les directeurs de Jardins ouvriers qui, de la sorte, ont contribué de la manière la plus efficace au succès du Congrès.*

ABBEVILLE. — *Jardins fondés par M. l'Abbé Crépin et Mme Cendré.* Réponse au questionnaire. 127 Jardins visités par la Société d'Horticulture d'Abbeville. Fête annuelle de Saint-Fiacre.

Traité de culture à l'usage des Jardins ouvriers d'Abbeville par Georges Sprecher, directeur des cultures d'Amiens.

AMIENS. — *M. Georges Asselin, 12, rue Dom-Grenier à Amiens.* Notice imprimée sur toutes les œuvres d'Amiens et de la Somme, mise à jour, et très intéressante.

Elle comprend des Jardins fondés par toutes sortes d'initiatives.

Elle montre les services rendus par l'association amiénoise qui a repris les Jardins de M. Garet curé, fondée dans le but de supprimer une foule de mendiants professionnels, qui vivaient des aumônes distribuées au presbytère.

Nous donnons deux notes importantes :

CONFÉRENCES DE SAINT-VINCENT-DE-PAUL ET JARDINS OUVRIERS

Il n'est pas à recommander aux conférences de Saint-Vincent-de-Paul de fonder et d'administrer *elles-mêmes* des

Jardins ouvriers. Cette observation résulte de l'expérience acquise par la conférence de Saint-Firmin, d'Amiens. Voici, en effet, ce qui est advenu. Cette conférence avait fondé en 1899 des jardins ouvriers destinés à être attribués gratuitement aux familles les plus nécessiteuses visitées par elle dans le faubourg de Hem.

Au bout d'un certain nombre d'années, plusieurs de ces familles, grâce en partie au jardin concédé, grâce à l'économie des parents, grâce au travail des enfants devenus grands, étant sorties de la misère et même de la gêne, n'avaient plus besoin d'être assistées.

C'est alors que se posa ce problème embarrassant. Continuerait-on de laisser la jouissance gratuite d'un jardin à une famille qui peut payer une location, tandis que tant d'autres plus malheureuses en auraient tant besoin et réclament de la terre? Ferait-on payer une petite redevance à cette famille, risquant par là de froisser certaines susceptibilités légitimes et de susciter certaines rivalités ou jalousies entre voisins jusque-là bien d'accord? Reprendrait-on à cette famille son coin de terre pour le donner à une autre plus nécessiteuse? Mais ne voit-on pas qu'il y a là une certaine injustice, puisque ces braves gens y ont mis quelque chose d'eux-mêmes, se sont attachés à ce coin de terre? Ce serait plus cruel que d'expulser un locataire de sa maison. Et l'on justifierait ainsi le grief parfois allégué contre les jardins ouvriers, à savoir que les promoteurs de cette œuvre font mettre en valeur des terres incultes ou médiocres par des ouvriers qui s'y donnent bien du mal, pour, ensuite, les leur reprendre et en tirer un parti plus avantageux quand elles ont été améliorées par le travail humain et sont devenues plus productives. Et l'on supprimerait du même coup les avantages moraux, familiaux, sociaux, éducatifs, des Jardins ouvriers.

Voilà pourquoi, faute de pouvoir solutionner ce délicat problème, on a continué à laisser la jouissance gratuite de leur jardin à certaines familles devenues aisées, par respect des droits acquis et en déplorant de ne pouvoir donner satisfaction aux nombreuses demandes nouvelles présentées.

Aussi ne nous lassons-nous pas de redire aux autres conférences Saint-Vincent-de-Paul : « Ne faites pas comme nous, ne vous engagez pas dans une voie d'où vous ne pourrez sortir, ne créez pas vous-mêmes des Jardins ouvriers, ne vous en occupez pas directement. Mais adoptez la seule combinaison pratique que voici:

Qu'à côté de la conférence Saint-Vincent-de-Paul, et tout à fait distincte, quoique composée si l'on veut de quelques-uns de ses membres, s'établisse une société de Jardins ouvriers, association déclarée, qui, elle, fera des jardins son unique objet et qui demandera aux familles bénéficiaires de jardins le paiement d'une location. Pour celles de ces familles qui n'auraient pas le moyen d'acquitter cette modique redevance, la conférence de Saint-Vincent-de-Paul se substituera à elles, pour la payer à leur place à la Société de Jardins ouvriers. Le jour où ce secours aura cessé d'être nécessaire, la conférence cessera d'intervenir et la famille ouvrière, désormais capable de se débrouiller toute seule, paiera elle-même directement à la Société de Jardins ouvriers la location que l'œuvre charitable avait jusque-là payée pour elle.

De cette façon aucun changement, aucun froissement ; tous les jardiniers sont locataires et sur le même pied.

Lorsqu'un jardin deviendra vacant, la Société de Jardins ouvriers pourra demander à la conférence Saint-Vincent-de-Paul de lui présenter des candidats parmi les chefs de familles nombreuses qu'elle connait et juge les plus méritants à tout point de vue.

C'est là, nous semble-t-il, la solution la plus rationnelle et la plus élégante ; c'est celle que l'expérience de douze années nous commande de signaler aux autres conférences qui seraient décidées à recourir à ce mode efficace d'assistance par le travail de la terre.

Georges Asselin

Membre de la Commission des Jardins
de la Conférence Saint-Firmin d'Amiens.

Sociétés d'Horticulture et Jardins Ouvriers

La Société d'Horticulture de Picardie, sollicitée par l'Association amiénoise de Jardins ouvriers, s'est montrée disposée à accueillir à ses cours les jardiniers appartenant aux diverses œuvres de Jardins ouvriers. Mais ces cours, peut-être trop techniques et plutôt appropriés aux garçons-jardiniers de profession, ont lieu à des heures peu pratiques pour des ouvriers de l'industrie.

Cette société pourra rendre plutôt service aux Jardins ouvriers par des inspections ou visites faites de temps en temps dans les jardins par certains de ses membres les plus compétents. Des conseils précis seraient ainsi donnés sur place. Quelques jardiniers plus dociles sauraient en profiter ; mais la plupart, entêtés dans leurs procédés routiniers, ne sont guère disposés à suivre les indications données par autrui.

Des cours d'horticulture et spécialement de petite culture potagère sont donnés pour les enfants des écoles et pour les militaires de la garnison.

Chaque année a lieu un Concours de petits jardins d'ouvriers pour une partie de la ville et de sa banlieue ; le tour d'un même quartier revient tous les trois ans. Des médailles et des diplômes sont distribués comme récompenses.

G. Asselin
(Amiens).

Amiens. — *École Saint-Martin.* — *Jardins ouvriers de l'école,* fondés par le directeur, M. Guerle, dirigés par MM. les abbés Manzoni et Tirard. 76 Jardins. Association déclarée.

Réponse au questionnaire qui signale la séance solennelle récréative donnée chaque année par les élèves aux ouvriers et à leurs familles.

Avesnes *(Nord)*. — Réponse au questionnaire.

Coin de terre avesnois annexé à la conférence Saint-Vincent-de-Paul.

A noter :

Une famille fonde, à l'occasion d'un deuil, cinq nouveaux jardins.

Ceci est à signaler. Les fondations en terre étaient autrefois fréquentes. Voici que les Jardins ouvriers en seraient la forme moderne.

Bagnères-de-Bigorre. — *Réponse au questionnaire par M. de Bonvouloir.*

Mais une note explicative l'accompagne et elle est des plus intéressantes. Nous la donnons *in extenso* en la signalant à toutes les conférences de Saint-Vincent-de-Paul :

« La conférence de Saint-Vincent-de-Paul de Bagnères-de-Bigorre a pensé qu'elle rendrait un véritable service à ses pauvres en leur fournissant le moyen de subvenir à leurs besoins dans une proportion beaucoup plus grande qu'elle ne pourrait le faire en leur donnant ses bons de pain et de viande. Pour atteindre ce but, elle a loué un terrain assez vaste qu'elle a divisé en 19 parties. Elle a donné chacune de ces parcelles de terrain à 19 familles.

« L'expérience a démontré que cette petite parcelle, donnée à une famille, peut, si elle est bien et intelligemment cultivée, donner assez de légumes pour nourrir une famille durant tout le cours de l'année.

« La conférence a fait choix naturellement des familles les plus nécessiteuses.

« M. Legrand, ancien jardinier lui-même, a le savoir professionnel qui lui permet de diriger l'œuvre des Jardins avec une compétence qui ne peut être mise en doute par personne. Il en profite pour surveiller avec un dévouement inlassable la culture des jardins et donne ses avis et ses conseils de façon à leur faire produire le plus possible. Tous les trois mois, deux membres de la conférence sont conduits dans les jardins par M. Legrand et examinent leur tenue.

« Tous les trois mois, les dix-neuf tenanciers des jardins sont réunis dans le local de la conférence et M. Legrand, leur directeur, leur fait les observations et leur donne les conseil qu'il juge utiles.

« Pour bien montrer la surveillance qu'il exerce, il donne, chaque réunion trimestrielle, des notes aux dix-neuf tenancier des jardins. Ceux qui ne tiennent pas bien le terrain qui leu est confié sont rappelés à l'ordre et si, à la réunion suivante c'est-à-dire trois mois après, les terrains ne sont pas mieu cultivés, on les leur retire pour les donner à de plus méritants

« Le président profite de la réunion des dix-neuf tenancier pour leur faire des recommandations au point de vue religieu et moral.

« La conférence a jugé qu'il était absolument nécessaire d ne pas donner une prime à la paresse et de retirer impitoyablement les jardins à ceux qui les cultivaient mal. Bien lui en a pris, car il en est résulté une grande émulation et, à l'heure actuelle, tous les jardins ont gagné cent pour cent. Les jardins devant subvenir aux familles les plus nécessiteuses ne deviennent pas un droit pour elles, car le jour où il est reconnu qu'une famille est dans une situation meilleure, on lui retire le jardin pour le donner à plus malheureuse qu'elle.

« Nous n'avons qu'à nous louer de cette œuvre qui nous donne les plus consolants résultats. »

Pour le Directeur
des Jardins ouvriers, M. Legrand,
Le président de la conférence
de Saint-Vincent-de-Paul de Bagnères-de-Bigorre :

Comte H. de Bonvouloir

Bayonne. — *M. Garat, député, maire de Bayonne écrivait, le 6 novembre 1912, à M. l'abbé Lemire.*

Mon cher collègue et ami,

Je vous adresse deux exemplaires d'un rapport sur les habitations à bon marché et la constitution du bien de famille. Vous y trouverez une ingénieuse combinaison de l'une et l'autre chose.

La ville de Bayonne a consacré 3 hectares de terrain à

cette œuvre intéressante qui promet de donner d'excellents résultats. Déjà, dix demandes ont été accordées, et, avant peu, les constructions vont commencer.

Veuillez croire à mes meilleurs et dévoués sentiments.

J. Garat
Député
Maire de Bayonne

Le rapport, qui est de M. Simonet, conseiller municipal, montre, pour la première fois peut-être, une ville lotissant un terrain qui lui appartient, cédant les lots à des prix minimes, mais à la condition expresse que les maisons construites seront constituées en biens de famille insaisissables.

Nous avons voulu que les bénéficiaires des libéralités de la Ville, que ceux qui, grâce à son secours, pourront édifier une maison familiale salubre, soient tenus d'assurer à cette propriété, due à l'épargne, une existence durable.

C'est là, Messieurs, dit le rapporteur, une œuvre de la plus haute portée sociale, que nous serons les premiers à tenter. Aucune ville, à ma connaissance, n'a encore essayé la combinaison de la loi de 1906 sur les habitations à bon marché, avec celle de 1909 sur la constitution du bien de famille.

Ajoutons que la constitution de la maison en bien de famille empêche que les libéralités de la ville soient détournées de leur destination.

Beauvais. — *Rapport général par M. Leborgne* sur le fonctionnement de l'œuvre de la visite, de l'encouragement, de la récompense des ouvriers cultivant un jardin à Beauvais et aux environs.

Nous signalons à toutes les sociétés d'horticulture et d'agriculture, cette façon pratique et simple de développer dans le peuple le goût et la pratique du jardinage.

Elle est d'une grande utilité.

Nous remarquons que M. Leborgne, l'organisateur pratique des visites et M. Courtois, professeur de jardinage, ont uni leur dévouement pour le succès.

L'œuvre est devenue par les concours qu'elle obtient dans toutes les classes de la société et par les prix qu'elle distribue et les séances qu'elle organise, une des œuvres d'union et de paix sociale les plus efficaces.

Le Manuel d'horticulture de M. Courtois a obtenu un prix de 300 francs de la Société nationale d'Horticulture.

Premiers élémenfs d'horticulture à l'usage des amateurs débutants, chez l'auteur (M. Courtois), 21, rue Saint-Jacques à Beauvais.

L'Œuvre des Jardins ouvriers de Beauvais, fondée en 1878 par la Société d'Horticulture, de Botanique et d'Apiculture de Beauvais, a pour but de répandre et d'encourager, dans la classe ouvrière, le goût et la pratique du jardinage par tous les moyens dont elle peut disposer, savoir : conférences, distributions de graines, tombolas, visites de jardins, récompenses, mentions, médailles, diplômes, livrets de caisse d'épargne, outils de jardinage, manuels d'horticulture, etc.

Tout ouvrier ou ouvrière, dès l'âge de quatorze ans, peut y adhérer, s'il est domicilié à Beauvais ou dans l'une des communes suburbaines, et y cultive un jardin de 2 ares au minimum, et si sa demande a été agréée par le Comité.

Il n'a aucune rétribution à verser et conserve sa pleine et entière liberté.

Subventionnée par le Conseil général de l'Oise, par les Conseils municipaux et par les Membres honoraires, l'Œuvre des Jardins ouvriers de Beauvais a créé, dans les communes suburbaines d'Allonne-Voisinlieu, Saint-Just-des-Marais, Marissel et Notre-Dame-du-Thil, des Sections de Jardins ouvriers, et possède actuellement 651 adhérents, cultivant 853 jardins sur une superficie de 40 hectares 73 ares 69 centiares pour la consommation de 580 familles composées de 2.294 personnes (hommes, femmes et enfants).

L'accroissement constant du nombre de nos adhérents est la preuve que les ouvriers savent, de leur propre volonté, profiter des enseignements utiles et pratiques qui sont mis à leur disposition dans leur seul intérêt.

Unissons nos efforts pour le développement de cette Œuvre sociale et, en nous intéressant à ceux qui travaillent, nous aurons la satisfaction d'avoir rempli notre devoir.

Le Comité.

* * *

Après le Congrès, M. Leborgne a fait imprimer son *Rapport général.* Nous sommes convaincu qu'il l'adressera à ceux qui en feront la demande pour étudier dans ses détails et son fonctionnement cette belle institution de Beauvais (M. Leborgne habite Beauvais, 7, boulevard du Palais).

Blois. — *Société blésoise des Jardins ouvriers.* — Réponse au questionnaire. Elle était représentée au Congrès et nous tient au courant de ses œuvres très remarquables.

Bordeaux. — *M. Cazalet. Réponse au questionnaire.* Les 188 jardins sont annexés à la Société bordelaise des habitations à bon marché.

Boulogne-sur-Mer. — 1° *Section de la Ligue du Coin de Terre et du Foyer* dirige deux groupes, encourage et récompense les autres, organise des concours et des fêtes. Très intéressantes initiatives de *M. Paul Bacquet* qui prouvent que l'organisme central est très utile.

2° Extrait du compte moral du Bureau de bienfaisance sur jardins ouvriers fondés par lui ;

3° Réponse au questionnaire : *Paroisse Saint-Pierre*, jardins dirigés par le clergé paroissial.

Paroisse Saint-Martin, 34 jardins.

M. Paul Bacquet, qui a concentré les renseignements sur les œuvres du Pas-de-Calais, a organisé une section de la Ligue du Coin de Terre et du Foyer tout à fait vivante. Nous invitons toutes les œuvres du Pas-de-Calais à se mettre en communication avec lui.

Bourges. — *Dr Mornet.* — Réponse au questionnaire. Il signale une tendance à transformer les ouvriers en collaborateurs. Ce n'est pas encore l'idéal :

1° La cotisation est très importante. Il est à noter ici comme ailleurs que les ouvriers qui ne paient pas ne s'intéressent pas à l'œuvre et ne travaillent pas. Partisans du moindre effort, ils savent seulement mendier. Exception pour les veuves.

(Depuis qu'il rédigeait cette note, le Dr Mornet est mort, ce qui est pour nous un grand deuil.)

Brest. — *Réponse au questionnaire.*

Il y a un *Pardon* annuel très pittoresque et très animé, d'où des cartes postales recherchées par les familles.

« Nous sommes en relations suivies avec la Ligue du Coin de Terre à laquelle nous envoyons le compte rendu de tous les événements qui intéressent notre œuvre. »

Caen. — *Rapport de M. Vattier,* avocat, membre de la Ligue du Coin de Terre et du Foyer sur la deuxième question du Congrès : « Les sociétés d'Horticulture et les Jardins ouvriers. »

M. Vattier signale ce qui a été fait par la Société d'horticulture du Calvados pour les Jardins ouvriers et pour les ouvriers qui, sans faire partie d'une société, ont un petit jardin : 1° cours le dimanche après 5 heures ; 2° concours de beaux légumes.

Cambrai. — *Coin de terre ouvrier Cambraisien.* — M. Demolon conseiller municipal. Soixante et onze jardins. Association déclarée. Réponse au questionnaire. Société d'horticulture de Cambrai visite les jardins. Cordiales relations entre comité et jardiniers.

Cannes. — *Jardins ouvriers de la Société de Saint-Vincent-de-Paul.* — M. Léon Arnould, villa Viosna, à Cannes.

Vingt-six jardins. Œuvre prospère qui se développe.

Chauny. — *Note de M. Choquenet,* sur les jardins encouragés par la Société d'horticulture de Chauny, dont *le Bulletin* rend compte. Société dont les initiatives pour jardins ouvriers et jardins scolaires et prix à l'enseignement horticole sont tout à fait remarquables.

Clermont-Ferrand. — *Le Coin de terre clermontois,* 14, Cours Sablon. — *Réponse au questionnaire.* — La société hippique met gratuitement à la disposition de l'œuvre les fumiers provenant des écuries du concours hippique.

Compiègne (Oise). — *L'Office central des œuvres de bienfaisance* a fondé 200 jardins que la Société d'Horticulture encourage.

Croix (Nord). — *Rapport de Mme Frédéric Delloue, présidente fondatrice* (qui a reçu un prix de 500 francs de l'Académie). — Cent trente jardins complétés par la consultation de nourrissons, par la caisse de décès et surtout par la *mutualité maternelle.*

Le jardin fait du bien à la famille tout entière.

« Notre mutualité maternelle a manifesté ses bienfaits, cette année, à 14 familles; 4 naissances sont encore attendues d'ici la fin de l'année. Malgré la hausse des vivres, nous avons pu porter à 20 francs la valeur des secours qui sont portés à domicile, sous forme de bons de café, sucre, œufs, viande et 2 francs en argent pour les dames du Comité. Quitte à blesser la modestie de ces dernières, nous ne saurions assez rendre hommage au zèle avec lequel, dès qu'une naissance est signalée, s'acquittent de leurs fonctions par tous les temps et s'ingénient à rehausser les dons en nature par de bonnes paroles qui touchent si profondément le cœur des mères. »

N.-B. — 1° Les jardins ont de grandes tonnelles où les ouvriers se reposent, prennent leur repos le soir en été, et discutent sur les questions intéressant les jardins ;

2° Un jardinier, avec les économies faites dans son jardin, deviendra propriétaire à la fin de l'année et d'autres suivront.

DOUAI. — *Comité des Jardins ouvriers.* — Note de M. Le Liepre, 78 *bis*, rue d'Esquerchin, à Douai.

La jouissance gratuite ne peut excéder trois années. Au bout de ce temps, c'est 8 francs par an.

DOULLENS (Somme). — Réponse au questionnaire par M. Lenglet, professeur.

« Tout en accordant des terrains à prix réduits, il est bon de faire payer quelque chose à l'ouvrier, car il semble qu'alors il s'attache plus à *son* jardin ».

DREUX. — *Note de M. Dubas.*

L'œuvre dépend moralement de l'Association d'Éducation morale et physique de Dreux, sorte de patronage d'hommes, de jeunes gens et d'enfants.

DUNKERQUE.— *Compte rendu par M. Henri Terquem, maire, sur les jardins mis à la disposition des ouvriers municipaux.*

« La Ville de Dunkerque est propriétaire, à Rosendael, de plusieurs parcelles de terrain, d'une superficie totale de 5434 mètres carrés.

» Ces terrains, de peu de valeur, étaient en partie loués pour un faible loyer. Il fut décidé que les locations seraient résilliées et que ces terrains convertis en jardins ouvriers seraient mis à la disposition des ouvriers municipaux.

» Les parcelles furent délimitées à une surface d'environ 400 mètres carrés, fournissant ainsi 14 jardins.

» L'attribution en fut faite aux postulants *suivant leur ordre d'ancienneté dans les services*.

» Depuis le mois de janvier 1911, les ouvriers municipaux ont pris possession de leur terrain, et les quantités de fumier nécessaire à une bonne culture, leur sont fournies, sans marchander, par le service de la Voirie.

» Un règlement, dont copie ci-après, a été établi, règlement qui a pour but, d'une part, de ne pas donner à l'ouvrier un avantage purement gratuit, et, d'autre part, de l'encourager à tirer le meilleur parti possible de son terrain.

» On remarquera que des primes, sous forme de dégrèvements de loyer, peuvent être attribuées au nombre de quatre chaque année, mais, pour que cet encouragement n'intéresse pas toujours le même ouvrier, la prime ne peut être accordée deux années de suite pour le même jardin.

» Sur 71 ouvriers municipaux, 19 possèdent des jardins entourant leur demeure, 14 possèdent des jardins municipaux, soit au total 33, ce qui donne 47 0/0 des ouvriers municipaux dunkerquois préférant le jardinage au cabaret ou à d'autres distractions.

» Si des terrains nouveaux devenaient disponibles, l'Administration municipale n'hésiterait pas à donner plus d'extension à son œuvre jusqu'ici très modeste, elle ne peut, quant à présent, étant donné le court délai depuis lequel les Jardins sont mis en fonctionnement et la nécessité où ont été la plupart des attributaires de défricher leur terrain — évaluer de façon précise l'avantage pécuniaire que son personnel en a retiré, elle a la conviction toutefois qu'à mesure que les ouvriers s'attacheront à leur culture, ils s'attacheront en même temps à leur service et tiendront à honneur de rester les fidèles collaborateurs d'une Administration qui a le souci de leur bien-être.

» Il nous a semblé qu'il était intéressant de faire connaître cette très modeste initiative au Congrès des Jardins ouvriers, bien convaincu, que beaucoup d'Administrations et de municipalités trouveraient facilement quelques parcelles de terrain, leur permettant d'entreprendre une semblable création.

Nous pensons qu'il appartient aux Administrations Municipales — patrons — de montrer l'exemple de ce qu'un bon patron doit chercher à faire pour son personnel.

Le maire de Dunkerque :

signé : Henri TERQUEM.

RÈGLEMENT

Les jardins sont mis à la disposition des ouvriers municipaux aux conditions suivantes :

Les ouvriers concessionnaires de jardins ne peuvent ni louer, ni céder leurs droits à qui que ce soit, ni les faire cultiver par un tiers, à peine de se voir retirer immédiatement la concession.

Ils paieront un loyer annuel de 5 francs, sauf pour la première année.

Au cas où un ouvrier cesserait d'appartenir aux services municipaux, il aurait à remettre le jardin, dès l'enlèvement de la récolte de l'année.

Au cas où l'Administration municipale jugerait nécessaire de prendre possession de l'un des terrains occupés par les jardins, elle ne pourrait congédier les possesseurs qu'après l'enlèvement de la récolte, où, si les circonstances ne lui permettaient pas d'attendre ce délai, qu'en lui accordant une indemnité dont le montant serait fixé par le maire.

Chaque année, à une époque qui sera fixée par l'Administration municipale, il sera passé une inspection des jardins et il pourra être attribué à titre d'encouragement quatre remises de loyers à ceux qui seront les mieux cultivés et les mieux tenus.

Le concessionnaire d'un jardin ne pourra pas obtenir la prime deux années consécutives.

Les titulaires de jardins ont droit à une quantité de fumier, provenant du dépôt municipal, et dont l'importance sera fixée au mètre carré de jardin, par le chef du service de la Voirie.

Ils auront à en prendre livraison eux-mêmes, mais dans la mesure où le service le permettra, il pourra être déversé directement sur les jardins, du fumier tout-venant de l'après-midi.

Les titulaires de jardins voisins devront vivre en bonne intelligence et éviter tous conflits ou discussions.

Au cas où des difficultés se présenteraient, l'Administration municipale prendrait telles mesures qu'elle jugerait utiles pour ramener l'ordre et pourrait au besoin supprimer à titre temporaire ou définitif la concession du jardin.

Dunkerque, le 26 décembre 1910.

Le Maire,

Signé : HENRI TERQUEM

ÉPINAL. — *Note sur les jardins par M. l'abbé Meny.*

La cotisation paraît indispensable pour éviter les trimardeurs et assurer une bonne culture.

ÉTAMPES. — *Caisse d'épargne.* Note sur une initiative très remarquable de cette caisse qui a fondé 55 jardins, en conformité de la loi du 12 avril 1906.

ÉTAPLES. — Dix jardins fondés par le bureau du syndicat des ouvriers.

FEURS. — *Brochure de M. Ory, ancien député, maire.*

Œuvre forézienne des Jardins ouvriers (création du bureau de bienfaisance). Il y a deux conseils : un conseil d'administration, élu par les titulaires des Jardins, et un conseil supérieur qui comprend tous les membres du bureau de bienfaisance et trois conseillers municipaux élus par le conseil municipal.

N.-B. — Une partie de la rente provenant de la dévolution des biens de la fabrique de l'église est affectée à cette création.

La préférence est donnée aux familles originaires de Feurs, nécessiteuses, ayant le plus grand nombre d'enfants.

GRAVELINES (Nord). — *Comité des Cités-Jardins.* Réponse au questionnaire.

Fête annuelle. Terrains *militaires* sont utilisés.

Rapport de M. Cirot. Vœux divers.

GRENOBLE. — *Ligue dauphinoise du Coin de Terre et du Foyer. Secrétariat : 45, avenue Félix Viallet.*

Réponse au questionnaire : quatre groupes, 182 jardins dirigés par un comité de trois membres : M. Beudant, président, M. Fabreguette, secrétaire, M. Reboul, trésorier.

HAM (Somme). — *M. Caurette, notaire,* signale un comité de bienfaisance qui, entraîné par M. Sprecher d'Amiens, a fondé

28 jardins en 1912, qui seront 50 à partir de 1913, sur un terrain appartenant à la ville, qui en a consenti bail.

Excellente œuvre qui est à signaler et à imiter.

Un groupe de 31 souscripteurs ayant souscrit une cotisation de 10 francs par an couvre les frais.

HAZEBROUK. — *Note de M. Hooft* sur les 24 maisons avec jardin de la Société hazebroukoise d'habitations à bon marché.

« Les ouvriers ignorent encore le rôle que jouent les jardins dans la vie familiale ».

HAZEBROUK. — *Note de M. Wadoux* sur les jardins de la conférence du Petit-Séminaire.

La conférence a donné une subvention de 5 francs à trois ménages qui ont loué pour eux-mêmes un jardin.

HAZEBROUK. — Association déclarée : 41 jardins. Réponse au questionnaire qui signale d'utiles réunions mensuelles (M. le Dr Samsoen, président).

LENS. — *Rapport de M. Choquet, 63, rue de Liévin*, en réponse à la troisième question : *Comment les jardins peuvent devenir une œuvre sociale.*

Ce rapport est une note toute personnelle.

Par œuvre sociale, dit-il, nous entendons une œuvre qui concourt à la paix par le rapprochement des classes.

Le jardin ouvrier est l'œuvre par excellence dans laquelle on rencontre la famille tout entière, dans laquelle on peut causer de tout.

Le jardin intéresse la famille tout entière : le père et la mère, parce qu'ils y trouvent leur profit ; les jeunes filles, à cause de leur penchant naturel pour les fleurs ; et aussi les jeunes garçons, mais passagèrement, car il nous faut reconnaître que des occupations si paisibles ne sont pas de leur âge.

Le directeur commencera par instruire son monde, par l'encourager, par rendre des petits services. Ses efforts tendront à inculquer aux ouvriers l'amour du jardin, il les fera travailler, apporter des embellissements, amender la terre pour la rendre fertile de façon à ce que le locataire s'y attache, et que le regret de la quitter l'empêche de changer de maison pour aller ailleurs, où il lui faudrait peiner pendant plusieurs années pour avoir un jardin aussi productif et aussi agréable.

Vous le voyez encore dans son rôle non officiel, mais non le plus beau ni surtout le plus utile au point de vue social, causer de choses et d'autres, écoutant les plaintes, consolant de son mieux, versant du baume chaque fois que l'occasion se présente, semant dans les jardins avec les semences matérielles, la bonne graine dont parle l'Évangile, avec l'intention de récolter la paix et un peu plus d'amour, en faisant naître la confiance, par une meilleure connaissance les uns des autres.

Gardons-nous de faire naître chez eux des désirs et des goûts que plus tard ils auront de la peine à pouvoir satisfaire. On ne fait pas avec 17.000 ouvriers ce que l'on fait avec 100, mais au moins on se trouve en présence du peuple dans toute sa grandeur et aussi dans toute sa vérité.

A ce rapport était joint une brochure : *le Jardin du mineur. Notions élémentaires sur les engrais chimiques.*

LIMOGES. — *Association limousine pour le jardin et le Foyer de l'ouvrier.* — M. l'abbé Goguyer envoie d'intéressantes réponses au questionnaire. Trois cent cinquante jardins !

N.-B. — Cent mille kilos de pommes de terre ont été vendus à prix coûtant aux jardiniers et à leurs amis pour remédier à la disette pendant l'hiver 1910-1911.

N.-B. — Il serait peut-être intéressant d'utiliser les jardiniers comme principaux acteurs des fêtes des Jardins ouvriers, mais dispersés comme ils sont aux quatre coins de Limoges, ils ne sont pas faciles à réunir ; que serait-ce s'il fallait faire des répétitions ? On réussirait peut-être à organiser des fêtes de groupe, mais il faudrait avoir des administrateurs ayant beaucoup de temps, de capacité et de zèle.

Voici l'avis important qui est inscrit au verso des quittances de cotisation :

Cette Cotisation annuelle est la part obligatoire de chaque jardinier dans les dépenses de l'œuvre.

Elle n'est pas un loyer et par conséquent :

1° Elle est la même pour tous les jardiniers, que leur lot soit grand ou petit, bon ou mauvais ;

2° Elle reste acquise à l'œuvre à quelque époque et pour quelque motif que l'on en sorte, et rien n'en sera restitué quoi qu'il arrive ;

3° On la paye d'avance au 1er novembre de chaque année ou à son entrée dans l'œuvre ;

4° Elle est due tout entière par ceux qui entrent l'année étant commencée ; s'ils reçoivent un jardin pendant la première moitié de l'année, c'est-à-dire, du 1er novembre au 1er mai ; ceux qui entrent pendant la seconde moitié de l'année, c'est-à-dire du 1er mai au 1er novembre n'en payent pour cette fois que la moitié, soit 1 fr. 50.

Lyon. — *Œuvre lyonnaise des Jardins ouvriers. Neuf cent soixante-douze jardins gratuits. M. Bonnaure, président, 11, rue Émile-Zola, nous écrivait la veille du Congrès:*

Mon cher Président,

Sous ce pli, je vous adresse :

1° Réponse au questionnaire ;

2° État complet de notre œuvre à ce jour.

Et, par même courrier, mais séparément :

1° Exemplaire du *Nouvelliste* ;

2° Exemplaire du *Progrès* donnant des détails sur notre fête du 30 juin dernier ;

3° Affiche servant au recrutement des jardiniers ;

4° Engagement de la famille, avec extraits du règlement ;

5° Formule de demande de jardin ;

6° État de la famille, qui doit être fourni chaque année en septembre, octobre ;

7° Programme de notre dernière fête ;

8° Programme du concert ;

9° Poésie par l'un de nos jardiniers ;

10° Menu du banquet.

Le simple énoncé de ces documents que nous avons tous reçus prouve combien l'œuvre admirable de Lyon est bien menée.

Le comité du sud-est de la Ligue française du Coin de Terre et du Foyer, dont elle est l'œuvre principale, peut en être fier.

Lyon. — Rapport imprimé de *M. Philippe Rivoire*, en réponse à la deuxième question du Congrès. Comment les sociétés d'horticulture peuvent-elles encourager les Jardins ouvriers?

Ce rapport remarquable peut être demandé à son auteur à Lyon.

Marseille, *81, rue de la Palud. M. J. Aiguier. — Réponse au questionnaire.* — Trente-huit jardins, 4 jardins d'enfants.

Œuvre vivante complétée par des institutions mutualistes. Administration des Jardins rangés par groupes de cinq avec un délégué pour cinq.

Aimable direction qui a envoyé des fleurs au Congrès.

Nous donnons d'intéressants extraits du rapport de M. Aiguier.

Nature des Jardins de famille

L'œuvre des « Jardins de famille » de Marseille, fondée le 30 juin 1910, a pris possession de son premier groupe le 15 mai 1911. Cette terre, d'une superficie de 13.000 mètres, est en partie arrosée par une abondante source ; elle se trouve à 7 kilomètres de la ville, au quartier de Fondacle, entre Saint-Julien et les Olives.

Situé au milieu d'un cadre charmant de collines verdoyantes, le groupe de Fondacle offre un aspect des plus pittoresques.

Le terrain, très accidenté et de forme irrégulière, nous a obligés à faire des lots arrosables et des lots non arrosables.

Chaque titulaire reçoit de cette façon deux morceaux à travailler : dans l'un, il cultive les produits qui ont le plus besoin d'eau, et il réserve le terrain sec aux pommes de terre, aux artichauts et en général aux cultures d'hiver et de printemps.

Le groupe de Fontacle est divisé entre 38 familles qui reçoivent chacune 100 mètres à l'arrosage et 150 mètres au sec.

Nous avons réservé un espace pour faire jouer les enfants, et autour d'un cerisier nous avons fait placer des bancs pour les réunions d'été. La concession du jardin est gratuite. Le bénéficiaire ne participe pas à l'administration de l'association, mais la surveillance du groupe lui incombe et il l'exerce par ses mandataires.

Élection des délégués

Devançant le Parlement, nous avons établi pour l'élection des délégués la Représentation proportionnelle dans toute son intégrité, le Conseil de surveillance du groupe est composé d'un délégué par 5 familles, et ces groupements de familles se forment librement, ce qui fait que tous les titulaires sont réellement représentés.

Le Conseil de surveillance ainsi élu se réunit régulièrement sous la présidence d'un membre du Conseil d'administration. Il s'occupe de la bonne tenue du groupe et fait observer le règlement.

Les administrateurs de l'œuvre visitent les jardins tous les dimanches pour causer avec les jardiniers et les guider dans leurs travaux. Au début, les bénéficiaires se tenaient sur la réserve, mais la glace a fini par se rompre, et maintenant ils considèrent les administrateurs comme des amis.

Les jardins, quoique plus grands que dans les autres œuvres, sont fort bien entretenus, aussi, les résultats pratiques sont excellents et nos jardiniers ont de belles et abondantes récoltes.

Jardins fleuris

Pour égayer le paysage et faire de la propagande à notre association, nous avons créé des jardins fleuris.

Nous utilisons pour cet usage des terrains de forme irrégulière qui présentent trop d'inconvénients pour la culture maraîchère.

Nous avons de belles variétés de dahlia-cactus, de dahlia simples, et des canna crozy à fleurs d'orchidées.

Nous cultivons des glaïeuls, des œillets, des chrysanthèmes et des rosiers. Avec ces fleurs nous formons des gerbes que nous envoyons aux membres bienfaiteurs et aux autorités. Nos bouquets font plaisir à en juger par les lettres de félicitations que nous recevons à chaque envoi.

Jardins d'enfants

Dès le début, nous avons donné aux enfants de nos jardiniers qui en ont fait la demande des lots de 6 à 12 mètres. Ces jardinets sont généralement bien tenus, car, si les enfants n'ont pas l'expérience de leurs parents, ils y suppléent par l'observation. Ces gosses sont très fiers d'apporter à la maison des légumes bien à eux.

Ils sont heureux de montrer leurs produits aux administrateurs et ne manquent jamais de leur en offrir ; mais ils ne peuvent souffrir d'être volés, et si un kleptomane subtilise quelque chose dans un jardinet, le jeune titulaire entre dans une grande colère, à moins qu'il ne préfère fondre en larmes, selon son tempérament. Les jardins d'enfants nous paraissent excellents tant au point de vue éducatif que pour la tranquillité des parents.

L'auteur du rapport énumère six caisses créées dans l'œuvre des Jardins. Mais une telle affluence de caisses dépasse de beaucoup notre œuvre et leur fonctionnement ne va pas, à notre avis, sans quelque difficulté. Beaucoup de nos amis se plaignent d'avoir du mal à obtenir la seule cotisation de sociétaire des Jardins ouvriers. Nous ne voulons pas les effrayer par des exemples inimitables.

MARSEILLE. — *Questionnaire.* — *Rapport de M. Louis Bortoli.* — *Jardins de l'assistance par le travail.* Cent quatre-vingt-cinq jardins absolument gratuits. Une visite est racontée, et le Dr Boy-Teissier dit à ce propos :

« Faire venir au monde l'enfant dans une demeure aérée et ensoleillée : puis, à l'école, apprendre à cet enfant les règles d'hygiène étroites, strictes et simples qui garantiront l'équilibre de son organisme ; enfin, adolescent, puis adulte, le maintenir le plus longtemps possible dans l'air libre d'un jardin, hors de la chambre de travail. voilà les seuls éléments capables d'empêcher une tuberculisation de se faire, ce qui vaut mieux pour la collectivité que mal guérir une tuberculisation effectuée. »

C'est cette œuvre, on le voit, utile et précieuse à plus d'un titre, que nous avons visitée dimanche.

MELUN. — *Réponse au questionnaire, par M. Berton, ingénieur, 19, avenue Thiers.* — Très intéressant rapport fait à l'assemblée générale du 20 octobre 1912, signale l'affiliation à la Ligue du Coin de Terre. — Comment rendre l'ouvrier qui le désire propriétaire de son jardin ?

Par des prêts remboursables.

Insiste sur les adhésions à l'œuvre données par diverses sociétés financières ou philanthropiques.

Question. — Est-il indispensable d'assurer l'arrosage ?

Non.

MENDE. — *Questionnaire Chan. Chapelle.* — Œuvre annexée à la confrérie des Pénitents blancs.

MOULINS. — Œuvre annexée à la confrérie N.-D. du Travail.

NANCY. — *Jardins du Bureau de bienfaisance.*

Nous tenons à signaler le compte rendu présenté à la commission administrative du Bureau de bienfaisance de *Nancy*, par M. H. Lecomte, président de *l'Œuvre nancéienne d'assistance par le jardin* (12e Exercice 1911-1912, clos le 31 mars). Nous le signalons aux Bureaux de bienfaisance comme un excellent exemple à suivre. Parmi les divers modes d'assistance, celui-ci est certainement l'un des plus efficaces et des plus féconds en résultats moraux.

L'Œuvre d'assistance par le jardin a, durant cet exercice, fonctionné normalement, sous la direction dévouée de MM. les Inspecteurs, membres du comité.

Les terrains concédés aux tenanciers se divisent en quatre groupes : Médreville, Villers, les Savelons et la Sablière, tous situés à proximité de la Ville et d'un accès facile.

Le groupe de Médreville est divisé en 75 lots ; celui de

Villers en comprend 24, et celui de la Sablière 53. A la suite de nouvelles acquisitions et d'échanges consentis par les propriétaires voisins, le groupe des Savelons s'est accru de 11 lots, et en comporte aujourd'hui 71. Ces opérations n'ont pas eu seulement pour résultat de nous permettre de satisfaire plus largement aux demandes, toujours plus nombreuses chaque année ; elles ont aussi facilité la rectification de nos clôtures et la suppression de certaines enclaves, qui rendaient particulièrement difficile la protection des cultures de nos tenanciers.

Deux cent vingt-trois familles ont donc pu, cette année, profiter de ce mode d'assistance toujours très apprécié.

Elles en ont tiré un réel profit, et les cultures ont été, en général, menées avec soin et persévérance.

Nous exprimons toute notre gratitude aux donateurs généreux qui, cette année encore, sont venus enrichir le patrimoine de nos assistés, ainsi qu'à la Société centrale d'horticulture, qui, depuis la fondation de notre Œuvre, n'a cessé de l'encourager par des récompenses destinées aux plus méritants de nos jardiniers.

Il leur a été distribué 12 livrets de 10 francs, 24 livrets de 5 francs, et 12 mentions honorables.

Le bilan de l'Œuvre, pour cet exercice, s'établit ainsi qu'il suit :

Récapitulation

Recettes	Fr.	19.626 09
Dépenses		16.837 99
Rente disponible au 31 mars 1912	Fr.	2.758 10

NIORT. — *Questionnaire.* — Trente jardins rattachés aux *œuvres paroissiales dirigées par le curé, M. Pouget,* avec récompenses annuelles prélevées sur les cotisations.

ORLÉANS. — *Association orléanaise pour immeubles et jardins ouvriers. M. le Dr Denis.* — Deux cent dix jardins. *Très intéressant rapport et qui est vécu.* Point banal. L'association préfère les locations à long terme à la propriété pour ne pas immobiliser son avoir. Elle fait payer une cotisation en rapport avec la valeur du terrain. Depuis lors, les ouvriers comptent moins sur la caisse de l'œuvre qu'ils croyaient inépuisab et se montrent *un peu plus* disposés à la solidarité. Mais il a beaucoup à faire pour lutter contre l'individualisme.

Issy. — Réponses au questionnaire, M. Saleilles.

Ivry. — Cent trente-quatre jardins. Réponse de M. Marqu directeur, au questionnaire et rapport spécial sur les fêt admirablement organisées en été et en hiver et qui ont m dans toute la population ouvrière de cette localité la sensati du beau, du bien et du vrai.

Auteuil. — *Œuvre de bienfaisance Gerson*. Seize jardin *Maisons Alfort, M. Duflot, 3, rue Pelletan, à Alfortvill directeur des 134 jardins.*

Réponses au questionnaire, très intéressantes. Les jardinie ont accepté de bon cœur la cotisation de 5 francs. La fête e organisée simplement. Enfants propres, visite à chaque jardi compte rendu en plein air.

Ce groupe est la preuve de ce que peut un homme de cœu

Pantin et Aubervilliers. — *M. Butor dit dans son rappo ceci :*

Total de jardins :

1911....	15 jardins de 120 mètres carrés chacun	
1912....	34 jardins	—
1913....	42 jardins	—

J'insiste sur ce point que les débuts de nos jardins à Pa tin ont été très durs à cause du petit nombre d'amateurs par suite de leur médiocre qualité.

Notre œuvre n'a prospéré que depuis 1911, grâce à l'id que nous a inspirée M. l'abbé Lemire, de faire procéder l'élection de *délégués ouvriers*. Ce système d'organisation nou a donné pleine satisfaction comme on peut le constater par le chiffres cités plus haut ; de plus la qualité de nos ouvriers e devenue bien supérieure, les groupes se recrutant eux-même

Au point de vue des cotisations, nous demandons 3 *fr.* 5 par jardin et par an. La première année, le prix peut êtr abaissé, si le terrain n'a pas encore été travaillé. Les outil sont la propriété des jardiniers.

SAINT-DENIS. — M. Albert Touchard.

Note sur le groupe Pleyel. — Dix jardins fondés par M. Reic, notaire honoraire.

Note sur le groupe Meissonnier. — Quatre-vingt-cinq jardins sur le terrain de Mlle Meissonnier, terrain de 17.000 mètres. Cotisation pour les frais de l'œuvre. Adhésion à la Mutualité maternelle. Essai d'administration par des délégués ouvriers. Le comité s'est réduit à un homme énergique qui a rendu de très grands service sous les espèces d'un dictateur plus que d'un mandataire. L'échec de l'administration par les ouvriers tient probablement au caractère même des bénéficiaires, presque tous bretons passifs, dociles, mais dépourvus d'initiative.

L'œuvre sociale est bien définie dans la page suivante :

Quant au sens d'œuvre sociale que peut et doit prendre l'œuvre des jardins ouvriers, il nous parait tenir tout entier dans deux de ses effets immédiats, anti-alcoolisme et apaisement.

Le premier effet a été rapide, indiscutable et spécialement caractérisé dans un milieu où l'alcoolisme fait d'effrayants ravages ; il est mis d'ailleurs en évidence par un critérium infaillible, l'hostilité notoire des débitants du quartier.

L'effet d'apaisement fut moins immédiat. En dépit d'apparences courtoises, aimables même, la confiance a été longue à s'établir entre le directeur et ses sociétaires ; et cela n'a rien de surprenant étant donnée l'atmosphère violemment anti-sociale du quartier. Tant que cette confiance n'existait pas, toute tentative d'action morale, patriotique ou sociale, était vaine et condamnée à l'échec. Sans elle, rien n'était possible. Dès lors qu'elle existe, plus rien n'est impossible. Auprès de ceux qui, dans leur rude existence, n'ont jamais peut-être entendu un mot affectueux et qui pourtant, comme tous les simples, savent d'instinct et sûrement percevoir l'affection, on est surpris de constater l'émotion que produit une parole simplement et sincèrement amicale, et, combien elle dépasse en valeur et en puissance d'expansion toute prédication froidement didactique.

A ce point de vue, il semble bien que l'action personnelle du directeur de groupe ne doive en aucun cas se borner à ce qui concerne le strict fonctionnement des jardins, mais s'étendre, se transformer en collaboration intime, multiforme, entretenue par des conseils, l'aide donnée pour trouver un emploi, etc., et, par des entretiens familiers, des tête-à-tête amicaux, beaucoup plus que par des réunions collectives.

Envisagée sous cet aspect, l'œuvre des Jardins ouvriers paraît présenter des ressources infinies de rapprochement des classes.

Beaucoup plus que les universités populaires qui veulent instrui qui n'aime guère qu'on prétende l'enseigner ; beaucoup plus surto que la simple visite de charité que irrite et qui blesse, elle est moyen le plus simple, le plus sûr, le plus direct, d'« aller » peuple », et le plus puissant facteur d'apaisement social.

Saint-Ouen. — *Le groupe de Jeanne d'Arc*. Trente jardins Œuvre de charité avant tout, faite par les Conférence Saint-Vincent-de-Paul.

Avenue Michelet. M. l'abbé Michel, vicaire à Notre-Dame Lorette est bien content de la fête donnée en juillet.

Boulevard Biron, M. Besch. 48 jardins, note de M. Péron *Porte de Clignancourt. Groupe Germaine.* — Vingt-quati jardins de l'œuvre « Union populaire catholique ».

Sceaux. — Œuvre Marguerite Renaudin fondée et souten par M. Renaudin, notaire. Cent jardins, que dirige M. Cur horticulteur éminent. Réponse au questionnaire : il signale rucher collectif.

Sceaux. — I. Rapport imprimé présenté par M. Curé, dire teur technique sur la deuxième question : *La Société d'Hort culture et les Jardins ouvriers*. Il résume la discussion qui e lieu sur ce sujet à la Société nationale d'Horticulture en m 1912, et les vœux votés. Ce rapport peut être demandé a siège social de la Ligue, 26, rue Lhomond.

II. — Rapport imprimé, présenté par Mlle Maraval, dire trice de l'école ménagère Marguerite Renaudin, *sur l'Éco ménagère et le Rucher collectif* annexés aux Jardins ouvrie de Sceaux. On trouve également ce rapport, très intéressan au siège de la Ligue.

Le Petit Rucher est une brochure annexée au précéde rapport. Très jolie et très intéressante.

Pithiviers. — *M. et Mme Robert*, dirigent 87 jardins (40 e augmentation). Séance musicale et récréative tous les ans.

Pontarlier. — *M. Henri Meunier*. Jardins fondés pa la conférence de Saint-Vincent-de-Paul : 226 jardins de 1 ar Réponse au questionnaire.

Remarque :

Fête annuelle de Saint-Fiacre. Messe solennelle, sermo distribution de brioches. Cinématographe, loterie.

Le Puy. — *Questionnaire.* Soixante-trois jardins annexés la conférence de Saint-Vincent-de-Paul, coûtent environ 400 francs.

Reims. — *Mme Changeux.* Quatre-vingt-dix jardins. Grande fête triennale avec distribution de livrets de caisse d'épargne.

Le Jardin est le type de l'œuvre sociale par la reconstitution de la famille et le relèvement moral de l'ouvrier et la lutte contre l'alcoolisme. « Dans plusieurs de nos familles, en été, la mère et les jeunes enfants quittent, sitôt les chambres faites, leur maison de la ville et s'installent au jardin jusqu'au soir. Dans la tonnelle, se trouvent un petit fourneau et un baquet à laver. Et la ménagère s'y livre à son occupation journalière. C'est là que le père, à la sortie de l'atelier, et les écoliers, après la classe, viennent prendre leur repas et un repos bienfaisant au grand air, loin des sociétés malsaines et du cabaret démoralisateur. »

Rennes. — *Jardin de M. Pinault,* ancien député : soixante quatre jardins, très prospères. Le bail n'est que de dix ans mais le fondateur fera le nécessaire pour perpétuer l'œuvre. La visite mensuelle encourage.

Rethel. — *Réponse au questionnaire par M. Prévôt-Maillard.* Signale soixante jardins dont le règlement est appliqué et contrôlé par une commission que nomment les ouvriers occupants. Le rapport annexe de la Société d'Horticulture, qui visite les jardins, est très intéressant : c'est un relevé technique des qualités et des défauts du Jardin.

Rodez. — *Jardins de la conférence de Saint-Vincent-de-Paul.* Quarante-huit jardins.

Réponse au questionnaire.

Une commission composée de confrères de Saint-Vincent-de-Paul visite quatre fois par an les jardins.

La Rochelle. — *Cent sept jardins. — Association déclarée.* — Jardiniers paient facilement leur cotisation qui est de 5 francs par an. L'idée de société crée un lien d'égalité et de coopération.

On signale la nécessité de fréquenter assidûment et simplement les jardiniers. Rôle de M. Philippe aux jardins de Versailles.

Une notice sur l'œuvre accompagne la réponse au questionnaire. Elle est donnée aux membres bienfaiteurs.

ROSENDAL. — Le Dr Lancry, sous ce titre humoristique *Vingt-cinq années de lutte... et d'insuccès*, raconte les origines de ses convictions terrianistes, son travail sur Fort-Mardyck, sa propagande, ses efforts personnels. Le Dr Lancry dit que tous ses efforts personnels pour faire des jardins et des maisons ont échoué. Mais nous lui répondons que sa propagande a réussi et que c'est l'essentiel. Celui qui est missionnaire n'est pas le même qui est curé. Les qualités de semeur ne sont pas les qualités d'organisateur. Consolez-vous, Lancry ! Dieu vous a donné un talent : celui de propager une idée. Vous l'avez fait fructifier ce talent.

Et dans tout ce qui se fait aujourd'hui, sous le nom de jardins ouvriers, nom dont vous êtes le parrain, il y a quelque chose de vous.

ROUBAIX. — *Jardins populaires*. — M. Droulers. — Réponse au questionnaire : médailles au concours.

Jardins de l'Institut populaire. — Abbé Podvin signale l'enseignement ménager aux mères de famille.

ROUEN. — Aux 350 jardins fondés par un groupe de jeunes gens est annexée une école ménagère.

Au questionnaire on a joint des notes recueillies par M. Moisy et par M. Harang. Elles sont très curieuses et révèlent tout ce qui se fait dans les jardins.

« Un jardinier pour payer son jardin a pris une absinthe de moins. »

« A la tonnelle, X... a fixé des gouttières de bois pour recevoir l'eau et la conduire dans un baquet pour l'arrosage.

B... fait son déjeuner avec trois briques et un gril, le feu (charbon de bois) sur le gril, la marmite sur les briques.

En général, il y a toujours du monde à Pasteur. Le matin et le soir, avant ou après l'atelier, grande animation, sauf l'hiver.

Beaucoup de jardiniers aiment leur jardin pour la fraîcheur des légumes et passer des soirées au bon air.

Dans le groupe de Pasteur, la moyenne des familles compte sept enfants, et plusieurs jardiniers en ont neuf et dix.

Hygiène par le jardin. Bon air succédant à l'air confiné de l'atelier. Le jardin remplace le cabaret.

« Depuis que j'ai mon jardin, je n'ai jamais ressenti ces malaises que j'éprouvais auparavant au sortir de l'usine où je travaille par 40 ou 50 degrés de chaleur. Très souvent, en rentrant chez moi, j'avais des hémorragies. Depuis que j'ai mon jardin où je fais un tour chaque jour, j'ai acquis une très sensible amélioration. »

Certains jardiniers consacrent un jour tout entier à nettoyer partout à cause de la visite annoncée pour le dimanche suivant.

Sains-du-Nord. — *M. A. Leroy.* — Réponse au questionnaire.

Jardins de la société subventionnés par la commune et le département, affiliés à la Société d'horticulture de Valenciennes, qui visite et récompense.

Saint-Amand-les-Eaux (Nord). — Réponse au questionnaire par le supérieur du collège N.-D. des Anges : 21 jardins.

Saint-Brieuc. — *M. Guérin*, clerc de notaire. — Réponse au questionnaire. Trente et un jardins.

Remarques. — « A notre avis, il ne faut pas de *comité ouvrier* dans les jardins, ce comité ne ferait qu'apporter le désordre, les ouvriers n'en faisant pas partie ne voudraient pas obéir. »

Saint-Dizier (Haute-Marne). — *Questionnaire.* — Réponses.

N.-B. — Les ouvriers doivent être sociétaires et la cotisation est nécessaire : 1° pour montrer à l'ouvrier qu'il doit s'aider s'il veut être aidé; 2° parce que la concession gratuite entraîne des abus : le concessionnaire épuise le terrain et l'abandonne.

Saint-Étienne. — *Réponse du P. Volpette*, directeur de 850 jardins.

N.-B. — Il y a pour les enfants, jeunes gens et quelques pères de famille une « Schola » très florissante, composée de près de 100 membres, et qui, sous le nom de « Petits chanteurs au genêt fleuri », a acquis une vraie réputation, donne de belles auditions aux jardiniers et aux bienfaiteurs. Grâce à ces fêtes et aux chants, nous n'avons parmi nous ni antipatriotes, ni antireligieux, ni immoraux. Sous ce rapport, les progrès ont été remarquables depuis la fondation de l'œuvre.

Participation des ouvriers à l'administration de l'œuvre.

Saint-Omer. — Jardins de M. Lardeur-Becquerel : association propriétaire, acquerra de nouveaux terrains. Tonnelles nombreuses sur le terrain dont la société est propriétaire. Trois délégués ouvriers par section facilitent administration.

Sedan. — Réponses par Mme Pingard, signalent création de jardins d'enfants.

Seclin. — *Réponse au questionnaire, par M. Boidin,* signale coopérative d'achats, cotisation nécessaire, ouvriers élisent une commission de délégués qui statuent sur l'admission des nouveaux sociétaires.

Toulouse. — *Coin de terre Toulousain.— M. Ed. Bertrand, 32, rue de la Dalbade.* — Vingt jardins.

Réponse au questionnaire. Notices imprimées.

Rapport annuel.

Remarques. — I. — Deux délégués des jardiniers sont convoqués aux réunions du conseil d'administration, les deux plus anciens, en attendant que l'éducation sociale des ouvriers soit poussée assez loin pour qu'ils puissent élire leurs représentants sans risquer la division et les querelles des partis.

II. — L'œuvre de Toulouse *est propriétaire* de ses deux terrains : soit 56 ares.

Voici comment. Elle achète. Elle emprunte. Elle amortit par ses cotisations, et, pour aller plus vite, elle donne des *séances*.

Tous les efforts faits à Toulouse pour trouver de l'argent ont pour but, non une fête, non une visite, mais le paiement des dettes pour *devenir propriétaire.*

C'est à signaler et à imiter.

Voici un extrait du rapport annuel à ce sujet.

« Il y a quatre ans, lors du premier achat, dont le montant s'était élevé à 4.000 francs, nous avions emprunté 3.000 francs à M. Parant père. Cette somme était remboursable en cinq ans. Nous avons très régulièrement soldé les intérêts et avons remboursé le capital en quatre ans, le dernier versement de 1.000 francs ayant été effectué en juin dernier. Cette dette est donc entièrement liquidée.

Nous avons acquis un deuxième terrain de 4.500 francs,

exécuté pour 1.100 francs de travaux de maçonnerie, dépensé 200 francs pour clôtures.

Nous sommes en ce moment débiteurs : 1° envers M. Gabriel Gay de 4.000 francs, qui produisent intérêt à 3,50 0/0 et doivent être remboursés en cinq ans ; 2° envers M. Clément Decomble de 500 francs, producteurs d'intérêts à 3,50 0/0 et remboursables le 12 juin 1912 ; 3° envers M. Armand Bouissou de 50 francs, et envers moi-même de 200 francs. Cette dernière somme totale de 250 francs, ayant été prêtée ces derniers temps, pour solder les travaux de maçonnerie, est évidemment sans intérêts.

Le budget prévu pour l'année en cours se répartit ainsi :

Recettes

Subvention du Conseil de l'Université..........	500	»
Quête du Jeudi-Saint...........................	100	»
Deux cotisations probables à 50 francs.........	100	»
Cotisations diverses, non encore rentrées......	70	»
Total.....Fr.	770	»

Dépenses

Intérêts à M. G. Gay...........................	140	»
Capital et intérêts à M. Decomble..............	517	50
Impôts et dépenses diverses....................	50	»
Remboursement des 250 francs précités..........	250	»
Total.......Fr.	957	50

Il resterait donc à procurer quelques *cotisations nouvelles*, à donner une *autre séance* avec tombola en novembre prochain.

Toulouse. — *M. Ernest Sermet, 14, rue Saint-Bernard, envoie une réponse au questionnaire.*

Vingt-sept jardins ouvriers fondés par deux conférences de Saint-Vincent-de-Paul avec réunion des jardiniers plusieurs fois par an et visite par la Société d'Horticulture de Toulouse.

Tourcoing. — Réponse au questionnaire par M. l'abbé Lehembre : signale bulletin mensuel, conférences horticoles sur les terrains, comités de sections, comités mixtes où il y a un prêtre, un directeur, un ouvrier.

Tours. — Réponse de M. Fuchs, directeur des 208 jardins : signale bibliothèque gratuite de bons livres, messe spéciale pour les défunts, subvention annuelle du conseil des conférences de Saint-Vincent-de-Paul.

Troyes. — Réponse au questionnaire par M. Huguier-Truelle : société reconnue d'utilité publique cherche avant tout à devenir propriétaire des terrains, ou à avoir un bail avec promesse de vente, signale excellente visite du préfet qui a récompensé les familles nombreuses.

Valenciennes. — Réponse au questionnaire : insiste sur services rendus pour la propagande des Jardins par sociétés d'horticulture.

Versailles. — Réponse de M. Philippe. Il signale : école ménagère fréquentée par une moyenne de 15 jeunes filles de jardiniers.

Wissant (Pas-de-Calais). — M. Defosse, curé, envoie une note sur les 5 jardins que les ouvriers se partagent : ce n'est pas, à proprement parler, une œuvre.

LES VŒUX DU CONGRÈS

PREMIÈRE SÉANCE

Les Jardins ouvriers et l'affiliation à la Ligue du C. T. F.

Vœu de M. Robert Georges-Picot

Le Congrès émet le vœu que toutes les œuvres de Jardins ouvriers se constituent en associations déclarées (loi de 1901) et s'affilient à la *Ligue française du Coin de Terre et du Foyer* (siège social, 26, rue Lhomond, à Paris), pour participer aux avantages de la déclaration d'utilité publique (recevoir des dons et legs) et pour s'associer à la vie générale de l'œuvre par le bulletin qui en est le lien. (*Adopté à l'unanimité.*)

Les Jardins ouvriers et les terrains militaires et autres

Vœu de M. Cirot de Gravelines, modifié par le Congrès et adopté également

Le Congrès émet le vœu que les terrains militaires et généralement tous les terrains faisant partie du domaine public soient affectés de préférence à usage de jardins ouvriers, exemptés des formalités de l'adjudication, et loués à des prix modiques, quand ils sont mis à la disposition d'œuvres de Jardins ouvriers qui ne sont elles-mêmes que des associations de bienfaisance, et qui sont affiliées à la ligue qui est reconnue d'utilité publique.

Les Jardins ouvriers et la non-gratuité

Vœu de MM. l'abbé Lemire et Robert Georges-Picot

Le Congrès, tout en laissant à chaque œuvre locale son caractère qui s'explique par les circonstances, émet le vœu que la contribution pécuniaire, si faible qu'elle soit, se développe et se généralise, afin que les ouvriers qui bénéficient des jardins deviennent sociétaires par leur cotisation.

DEUXIÈME SÉANCE

Les Jardins ouvriers et l'enseignement horticole

Vœu de M. Aiguier, de Marseille

Le Congrès émet le vœu que des publications locales, faites sous forme de tableaux affichés, de feuilles supplémentaires ajoutées au *Bulletin de la Ligue du Coin de terre et du Foyer*, ou de petites revues, tiennent les ouvriers des jardins au courant des travaux à faire, des plantes à cultiver, des engrais à employer et fassent ainsi du jardinage un art et une sorte de sport familial. (*Adopté.*)

Les Jardins ouvriers et les Sociétés d'agriculture

Vœu de M. Magnien, professeur à Melun

Le Congrès, constatant combien le jardinage est négligé à la campagne et quelles ressources il apporterait aux ménages des ouvriers agricoles, émet le vœu que les sociétés d'agriculture encouragent et favorisent les jardins ruraux. (*Adopté.*)

Les Jardins ouvriers et les Sociétés d'horticulture

Vœu de MM. Choquet, de Lens, Curé, de Sceaux, et Leborgne, de Beauvais

Le Congrès, approuvant les conclusions du rapport de

M. Choquet, les observations techniques de M. Curé, et l'exemple donné à Beauvais par M. Leborgne, émet le vœu que partout les sociétés d'horticulture secondent par des visites, des leçons et des récompenses, le développement et l'amélioration de la culture dans les jardins ouvriers. (*Adopté.*)

TROISIÈME SÉANCE

Les Jardins ouvriers et la famille

Vœu de MM. Guillard et Marque

Le Congrès émet le vœu que dans les jardins ouvriers éloignés de la demeure des jardiniers, la tonnelle soit rendue obligatoire pour que toute la famille y vienne souvent, sûre de trouver un abri pour le repas, la causerie, le repos, la réunion des enfants autour du père et de la mère, afin que le jardin ouvrier soit la maison de campagne des pauvres, et tienne lieu de colonies de vacances ou de stations hygiéniques de montagne et de mer, pour *toute la famille*. (*Adopté.*)

QUATRIÈME SÉANCE

Les Jardins ouvriers et les fêtes

Vœu de MM. Bonnaure de Lyon, Pou de Blois, Delpérier d'Auteuil et Marque d'Ivry

Le Congrès, ému des résultats sociaux obtenus par les fêtes de Jardins :

Émet le vœu qu'une *fête locale*, si modeste et si humble qu'elle soit, ait lieu chaque année dans chaque groupe de jardins ouvriers ;

Qu'une fête *centrale* réunisse les groupes d'une même ville, au moins tous les trois ans ;

Et qu'enfin on étudie une *fête générale* pour les œuvres de Paris et de banlieue.

Les Jardins ouvriers et l'insigne et la bannière

Vœu de MM. Delisle et Bonnaure

Le Congrès émet le vœu que le drapeau social offert à la Ligue paraisse chaque fois qu'une visite solennelle est faite par le Conseil de Paris, que de plus chaque œuvre ait son drapeau, et que pour les groupes distincts il y ait un fanion.

Le Congrès émet aussi le vœu que les membres des Jardins ouvriers reçoivent en récompense l'insigne de la Ligue et qu'ils le portent aux cérémonies auxquelles ils assistent en corps. (*Adopté.*)

VŒUX DIVERS

Les Jardins ouvriers en Algérie

Vœu de M. Delorme, d'Alger

Le Congrès émet le vœu que, dans les grands domaines du Nord de l'Afrique, des portions de terre soient réservées pour fournir aux ouvriers agricoles des jardins aux frais de l'État, jardins qui fixeraient les familles : ce serait la propriété collective avec jouissance familiale et cela réaliserait la conquête des gens par la terre. (*Adopté.*)

Les Jardins annexés aux maisons à bon marché

Vœu de M. Louis Rivière

Le Congrès émet le vœu que les lois de 1906, 1908, 1909, qui visent les habitations à bon marché soient réformées de manière à fixer un maximum de valeur, variable selon les localités et d'après la population, pour les jardins comme pour les maisons. (*Adopté.*)

Les impôts de mutation sur une habitation à bon marché

Vœu de M. Debosque-Bonte, relatif aux droits de mutation sur la vente d'un immeuble par l'entrepreneur qui l'a construit en vue de le vendre, non de le garder pour soi.

M. Debosque propose que cet immeuble ne soit pas soumis aux droits de mutation.

Le Congrès, tout en enregistrant ce vœu, ne peut le discuter parce qu'il sort de son cadre.

Jardins et maisons et communes

Vœu de M. Garat, député, maire de Bayonne

Le Congrès, approuvant l'initiative de la municipalité de Bayonne, qui a loti un vaste terrain et l'a mis en vente à moitié prix pour les familles ouvrières, à condition que chacune y bâtisse sa maison et en fasse un *bien de famille*, émet le vœu que les municipalités utilisent ainsi leurs domaines. (*Adopté.*)

Petite propriété et famille

Vœu de MM. Lehembre et Drieux, de Tourcoing

Le Congrès, ému des déclarations de M. Lemire qui redoute que l'appât de la petite propriété n'amène les familles ouvrières à restreindre le nombre de leurs enfants, demande qu'une statistique soit faite pour le prochain congrès afin de voir si oui ou non ces craintes sont fondées. *(Adopté.)*

Jardins et enseignement ménager

Vœux de M. Curé et de Mlle Maraval

Après la visite des produits de 13 groupes de jardins

ouvriers à l'exposition nationale d'horticulture au Cours-la-Reine, et tout particulièrement après la visite du lot présenté par Mlle Maraval sur l'utilisation de ces produits,

Le Congrès...

Considérant qu'il est indispensable que les ménagères sachent tirer parti de la production du jardin, émet le vœu suivant :

Que l'instruction à donner aux ménagères sur l'utilisation des produits des jardins soit partout le complément de celle donnée aux tenanciers pour les bien cultiver. (*Adopté.*)

Le Congrès émet le vœu qu'à défaut de l'installation de l'enseignement ménager officiel, l'initiative privée développe le plus possible les écoles ménagères, et au moins les cours de cuisine gratuite, à l'usage et à la portée des ressources de la classe ouvrière. (*Adopté.*)

Le Congrès émet le vœu que chaque tenancier de jardin possède une ou deux ruches d'abeilles dans son lot, pour y trouver à la fois exemple, profit et plaisir. (*Adopté.*)

Les Jardins ouvriers et les tombola

Vœu de M. Aiguier, de Marseille

Le Congrès, constatant que les bureaux du ministère de l'Intérieur refusent toute autorisation de tombola aux œuvres de Jardins parce qu'ils considèrent le secours procuré par ces œuvres comme n'étant ni *immédiat*, ni *collectif*, ni *matériel*,

Émet le vœu que cette jurisprudence soit réformée et que les Jardins soient considérés comme une excellente forme d'assistance par le travail et encouragée à ce titre. (*Adopté.*)

TABLE DE MATIÈRES

TROISIEME SÉANCE

QUATRIEME SÉANCE

SÉANCE SOLENNELLE DE CLOTURE

ANALYSE DES RAPPORTS ENVOYÉS AU CONGRÈS

Imp. de la Librairie Rivière et Cie, 31, rue Jacob, Paris — 2095-13

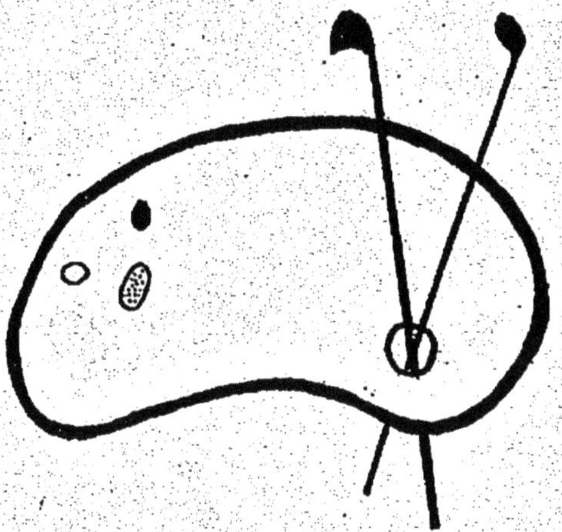

www.ingramcontent.com/pod-product-compliance
Ingram Content Group UK Ltd.
Pitfield, Milton Keynes, MK11 3LW, UK
UKHW020214250726
13967UKWH00003B/1456

9 782012 870802